永遠の野球少年

ユーチューバー
トクサン

ワニブックス

はじめに

僕を知っている人も知らない人も、こんにちは！

野球ユーチューバーの「トクサン」こと、徳田正憲《とくだまさのり》です。

いま、この本を手に取ってくれたあなたと僕には、共通点がひとつあるかもしれない。

それは、「野球が好き」ということ。

この本の表紙は、『ぼっちなエースをリードしたい』（小学館）や『デュアルマウンド』（講談社）など、野球マンガでおなじみの水森崇史《みずもりたかし》さんに描いてもらったものだ。

これに「おっ！」と反応したってことは、きっとあなたも野球が好きなはず。好きとまではいかなくても、野球に興味があるはず……いや、やっぱり野球が好きだと思いたい。

「野球」とひとことにいったって、いろんな種類がある。

プロ野球、メジャーリーグ、社会人野球に女子野球に少年少女野球。いま僕がのめり込んでいる草野球だって、そうだ。

プレーする人、応援する人、プロとして職業にする人、楽しみ方もいろいろある。ということは、それだけの数のドラマがあるということ。選手だけでなく、練習を手伝ったり支えたりする人にだって、それぞれの物語があるだろう。

僕のユーチューブチャンネル『トクサンＴＶ』では、野球のそんなあらゆる側面を知ってもらえればと思って、活動している。


僕自身といえば、それこそ少年時代から野球にハマり、
帝京《ていきょう》高校野球部では甲子園に出場して、全国ベスト4。

創価《そうか》大学野球部ではキャプテンを務め、こっちも全国ベスト4。

という経験をした。野球にくわしい人から見れば「野球のエリート街道を歩んできた人」というイメージかもしれない。

だけど、まったくそんなことはなく、僕の野球人生は決して順風満帆というわけではな

かった。体格に恵まれていたわけではなかったし、ケガも多かった。高校時代は結局、レギュラーになれなかった。社会人になってからも、失敗したり、進路に迷ってばかり。

それでも、僕の人生の中心にいつも野球があった。

振り返ってみれば、野球がいつも、僕の進むべき道を教えてくれた。

野球に向いているとか、いや、向いてないんじゃないかとか、考える暇さえなかった。

ただただ、野球が好きだったんだ。

そして36歳になったいまも、野球は僕の人生のど真ん中にあり続けている。

周りの環境は変わったけれど、その点については、僕が「野球少年」だったころからなにひとつ変わっていない。

この本には、僕がどう野球と付き合ってきたのか、野球がどんな風に僕に関わってきたのかを書いた。もちろん、カッコいいことばかりじゃない。不格好なエピソードも正直に綴ったつもりだ。

また、帝京高校や創価大学ではどんな練習をしていたのか、野球強豪校を内側から見た様子についても書いた。

さらには、なぜ野球ユーチューバーになったのか、どうやって日々の動画を作っているのかについても書いてある。こうしたところにも興味を持って読んでもらえるのではないだろうか。

僕の奮闘ぶりを楽しんだり笑ったりしてもらいたい。

そして願わくば、

「野球って面白い。野球にはいろんな側面がある」

そういったことを伝えられたら、と思う。

世界中の野球少年少女たちと、元・野球少年少女たちへ

トクサンこと徳田正憲

Contents

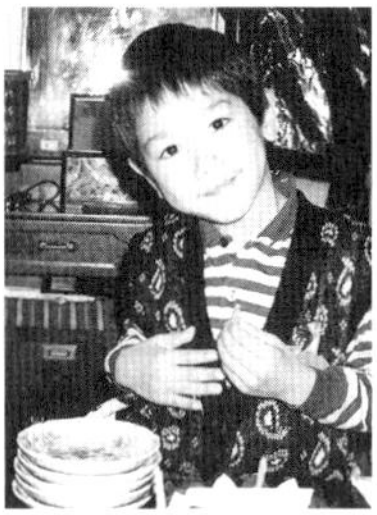

▲6歳の誕生日

▲合同運動会。ぶっちぎりです(笑)

▲一番左が栗山くん、
一番右がトクサン

▲「大三連」の卒部会で両親と

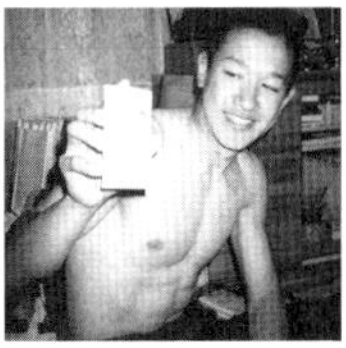

▲これでもまだまだ非力

◀すべては
帝京の勝利
のために

▶ゲキを飛ばす
前田監督

▲第84回全国高等学校野球選手権大会の東東京大会で優勝!

▲左上がトクサン、その右下が
部屋長の阿久根さん

▲成人式の日に大学の寮にて。
トクサンは2列目の一番右

▲2006年のリーグ戦で優勝後に4年生全員と。
左上のトクさんはMVP、首位打者、盗塁王、ベストナインに!

▲2002年の夏の甲子園初勝利後。背番号「13」がトクサンです

▲中学時代の恩師・長沼監督と

第1章

少年は野球に夢中になった

夢はかたちを変えていくんだ

夢はかたちを変える。

「トクサン、いきなりいいことを言おうとしているな」と思ったかもしれない。だけど、大人になったいま、心の底からそう思っている。

子どものころからずっと憧れていたプロ野球選手に、僕はなれなかった。だけど、30歳を過ぎてからユーチューバーになり、プロ野球選手と話をしたり、キャッチボールをしたり、バッティングを教わったり。プロ野球の試合の始球式で投げることさえある。そう。まるで、プロ野球選手になったかのような気分を味わっている。

こんな自分の姿を、僕自身、想像したこともなかった。

大学4年生だった2006年の秋、その年のドラフト会議で指名されず、プロ野球選手への道が絶望的になったとき、僕はそれから先の人生についてなにも考えていないことに気づいた。

僕から野球を取ったら、いったいなにが残るのだろう。これから、どうやって生きていけばいいのだろう。答えどころか、ヒントすらつかめないまま、いきなり社会に放り出された気分だった。周りには僕を助けてくれる人がいたのに、なぜか孤独だった。たとえプロになれなくても、野球を続ける方法はある。プロ野球選手になれなかったからといって、野球をやめなくてもいい。そんなことを考える精神的な余裕さえ、なかった。

だけど、いまならわかる。心が折れかけたとき、なにかを諦めなければならなくなったとき、そんなときこそ夢を持ち続けてほしい。自分の夢を忘れないでほしい。

僕の経験からいうと、夢をかなえるのは難しい。どれだけ努力を重ねても、かなわないこともある。上には上がいて、勝てそうにない強敵が目の前に立ちはだかることだってある。だけど、ずっと夢を持ち続けていれば、夢はいつかかたちを変える。

「かたちを変える」といっても、まったく違う、別の夢になるわけじゃない。

本当に大切な部分、いわば「芯」はそのままで、あとは柔らかい粘土みたいに、時代や状況によって、かたちを変えていくんだ。

すると、かなえられないと思っていた夢をつかめるときがくる。

それは、子どものころに思い描いた夢とまったく同じものではないかもしれないけれど、「芯」の部分、本質は変わっていない。夢の芯の部分がしっかりしていれば、誰だって夢に近づくことができるし、もしかするとかたちを変えてかなえられるようにもなる。僕は、そう信じている。だから、夢を持ち続けてほしい。
夢は、かたちを変えるんだ。

顔見知りのおじさんは、監督だった

僕が生まれ育ったのは、東京都大田区の蒲田《かまた》という街だ。東京に住んでいる人ならわかるだろうけど、そのあたりはいわゆる下町で、僕が子どものころは、やんちゃな人が多かった。「男はやんちゃなくらいがカッコいい」と思われるふしさえあった。

そんな街で育った僕の家族は、両親と姉、そしてふたりの妹。父親ががんばって働いてくれたおかげで、日々の暮らしに困るほどではなかったと思うけれど、裕福というにはほほど遠かった。どこにでもありそうな一般家庭だと思ってもらえばいい。

いまみたいに「トクサン」と呼ばれるようになったのは、ずっとあとのこと。子どものころは、「トクちゃん」とか「トックン」って呼ばれていた。

僕は、身体が小さかった。誕生日は1985年3月18日。よくいう「早生まれ」だから、4月や5月に生まれた同級生と比べると、体格の差は歴然だった。

だけど母親は、ことあるごとに、僕に言い聞かせた。
「あなたは同級生と1年分ぐらい身体の大きさが違う。でも、負けちゃダメだからね」
同じ話を何度も聞かされたせいだろう。いつのまにか僕は、自分の背が低いこととか、体重が軽いことを言いわけにしないと決めていた。たとえ人に負けることがあっても、それは体格のせいじゃないんだって。

満足のいく成果が出なかったとき、原因を自分の実力以外のなにかに求めるのは簡単だ。「タイミングが悪かったから」、「よい道具を買ってもらえなかったから」、「チームのメンバーがへまをしたから」。そうやって他の人やモノのせいにすれば、心は安らぐだろう。だけど、自分の実力と向き合ったことにはならない。

実力のほどをちゃんと見据えることができたとき、人は次にすべきことを見つけられるのではないだろうか。

僕は身体が小さかったけれど、その分、クラスの誰よりもすばしっこかった。駆けっこなら、誰にも負ける気がしなかった。その一方で、落ち着きがなかった。いつもちょこまかと元気に走りまわっている子ども、そんなイメージだ。しかも、おしゃべりが大好きで、人の前に出たがる「お調子者」でもあった。

おしゃべり好きでお調子者という性格は、ユーチューバー「トクサン」になってから存分に生きているように思う。ただ、当時はそんな僕をよく思わない同級生もいただろう。

僕がソフトボールと出会ったのは、小学3年生のときだった。そう。僕は野球と出会うずっとまえに、ソフトボールを始めている。

ある日、友だちと公園で遊んでいたら、おじさんが声をかけてきた。

「お前、そんなところで遊んでいるのか」

おじさんは父親の知り合いで、それまでに何度か会ったことのある人だった。

「だったら、今度からおじさんとこに来て遊べ」

「うん、わかった！」

なにも考えずにそう答えた。そんなやりとりがあった数日後、おじさんに連れていかれたのが、ソフトボールの練習をするグラウンドだった。

「ここにバットとグローブがあるから、遊ぶといい」

きっかけはそんな感じだった。まさかそれが、現在にいたるまで続く、僕の野球人生のスタートだとは、思いもしなかった。

おじさんは『新宿（しんしゅく）ファイターズ』の渡辺監督だった。新宿ファイターズは、僕が通っていた小学校のクラブチームだ。

そのときの僕は、ソフトボールはもちろん、野球のこともよく知らなかった。

だけど、ボールを触ってみたら、なんだか自分に合っている気がした。ボールを捕って、投げて、打って、走って。そのすべてを好きになった。僕のすばしっこさも生かせることもわかった。

「こんなに面白いスポーツがあったのか！」

ソフトボールに出会った日に、僕はそう思った。

気づけば、毎週土曜日と日曜日はソフトボールの練習に行くことが日課になっていた。「練習」といっても小学3年生だから、レベルの高いことはやっていない。朝、グラウンドに着いたら「こんにちはーッス！」と元気に挨拶。それからキャッチボールをして、ノックを受けて、バッティング練習をする。それぐらいだ。

試合は、4年生以下、5年生、6年生と学年ごとにわかれて行われた。だからチームに入ったばかりの僕でも、すぐ試合に出してもらえた。ポジションは外野。レフトの守備を任された。足が速かったことと、小学生にしては肩が良かったから、そこを監督が買ってくれたんだろう。

ソフトボールそのものが楽しかった。試合に出ることよりも勝つことよりも、毎週末ソフトボールをできることがうれしかった。だから、長続きしたんだろうと思う。

ソフトボールがあったおかげで、僕は直後に起きる暗いできごとを乗り切れたんだ。

転校した先でイジメられた地獄の日々

小学3年生の秋、つまりソフトボールと出会ってまもないころ、僕の一家は隣町に引っ越した。同時に、その町の小学校に転校した。

僕はここで、イジメに遭った。

身体は小さいのに元気いっぱい。おっちょこちょいで、人の前に出たがりな僕の性格は、転校してからも変わらなかった。それを面白く思わない人たちがいた。転校してまもなくクラスの「やんちゃ」なグループの少年たちに目をつけられたんだ。

学校に持ってきたはずの物が、いつのまにか失《な》くなった。教室では、プロレス技をかけられ痛い思いをさせられた。放課後、自転車に乗っていると、横からちょっかいを出されて、転んだ。「臭い」とか「汚い」といった言葉を浴びせかけられることもあった。

彼らにとっては遊びの延長だったのかもしれない。「目立つヤツが転校してきたから、ちょっと懲らしめてやろう」。それくらいの気持ちだった可能性もある。

だけど僕には、毎日が地獄だった。

このつらくて寂しい暗黒の日々をなんとか乗り切れたのは、ソフトボールがあったからだ。大げさでなく、僕はソフトボールに「救い」を見いだしていた。

転校した先の小学校には、軟式野球チームがあった。そのチームに「入らないか」と誘われたこともあったけど、僕は新宿ファイターズでソフトボールを続ける道を選んだ。毎週土日は、ひとり自転車をこいで、自宅から片道15分ぐらいの場所にある新宿小学校のグラウンドまで通った。

月曜から金曜までの平日はイジメに遭っていたから、毎週末のソフトボールは僕にとって生きがいになっていた。

「どんなにつらくてもこれを乗り切れば、土曜と日曜はソフトボールができる！」

そんな考え方にすがりながら、毎日を過ごしていた。

大人でも同じような状況になることがあるだろう。毎日の仕事が単調でつまらないものに思えたとしても、「休日は旅行できる」とか「家族と一緒に過ごせる」という気持ちになれば、やり過ごせる。それと同じようなものだ。

もちろん、週末のために平日にも楽しみや打ち込めるものを見つけられたら、それはそれで最高なんだけれど。

僕にはソフトボールと新宿ファイターズの仲間がいたから、つらい日々をほんの短い時間でも忘れることができた。

渡辺監督やチームのメンバーと出会っていなければ、もしかすると非行に走っていたかもしれない。「こんなにキツい毎日、やってられるかあ！」って。そうでなければ、ネガティブになって追い詰められた末に、よくないことを考えていただろう。

イジメは、2年間ぐらい続いた。僕はついに耐えきれなくなって、

「学校に行きたくない！」

と言い出した。びっくりしたのは母親だ。元気いっぱいだった僕が、突然そんなことを言い出したのだから。だけど僕の両親は、理由も聞かずに「なに言ってるの！　学校には行かなくちゃダメ！」って言うような人たちじゃなかった。

「行きたくないなら無理をして行かなくてもいい。でも、どうしたの？　なにがあったの？」

そんな風に僕の話に耳を傾けてくれた。このとき母親が優しく接してくれたから、僕は素直に打ち明けることができた。このときのことは、いまでも感謝している。

その後、母親が学校に相談してくれたのだろう。担任の加藤先生は、僕をイジメていたグループを呼び出して、注意した。子どものことだから、それですぐにイジメが止《や》むことはなかったけれど、先生はことあるごとに「大丈夫？」とか「大変なことが起きてない？」って声をかけてくれた。注意深く僕のことを観察し続けてくれたんだ。

すると、少しずつイジメが減っていった。そしてある日、やんちゃグループのひとりが「トックン、学校に行こう」って、毎朝迎えにくるようになった。きっと加藤先生が、その子に僕と一緒に登校しなさいって言ってくれたんだと思う。

いろんな人が尽力してくれたおかげで、僕は6年生になるころには楽しく学校生活を送れるようになっていた。ちなみにその子たちとはいまでも連絡を取ったりする仲である。

「ひょっとして僕、野球が上手い!?」

ソフトボールは本当に楽しかった。そして僕たち新宿ファイターズは、なにげに強かった。それは、小学校を転校したからこそわかったことでもあった。

転校したことで、僕は時々、仲間たちを少し引いた場所から見るようになった。かつてのクラスメイトも、転校してからは他校の生徒だ。だから客観的に実力を判断できるようになっていた。すると、「あれっ、もしかして……」と思うようになった。

「このチーム、けっこうレベルが高いんじゃない⁉」

転校した先の小学校で、体育の授業を受けたりクラスメイトと遊んだりしているうちに、新宿ファイターズのメンバーのほうが運動能力に長《た》けていることに気づきはじめた。もちろん僕自身も、足の速さではつねに学年トップクラスだった。

実際、新宿ファイターズは試合で快進撃を続けた。大田区はソフトボールが盛んな地域なんだけど、そのなかでも僕たちのチームは勝ち続けていった。

「僕ってひょっとすると、野球が得意なのかも」

そう考えるようになったのも、自然な流れだった。

野球といえば、小学5年生のときにテレビで観た、夏の甲子園大会が印象に残っている。1月に阪神・淡路大震災が起きたあの年（1995年）、夏の大会では、東東京代表の帝京高校が大進撃していた。準々決勝では、西東京代表の創価高校との対決が実現した。夏の大会では18年ぶりとなる、東京代表同士の対決。東京出身の僕としては、どちらのチームにも勝ってほしい気持ちだった。

両校の選手たちの、この一戦に懸ける熱量、アルプススタンドで巻き起こる歓声。それらがテレビのこちら側まで伝わってくるような白熱した試合だった。

結果は8対3で帝京高校の勝ち。勢いに乗った帝京は、この大会で全国制覇を果たすことになる。

「甲子園ってすごい！」

この試合を観て、そんなイメージが僕の脳裏に焼きついた。

僕も高校生になったら甲子園に出たい。そして、プロ野球選手になりたい。

僕のなかでふたつの「夢」が両輪となって、静かに、そして少しずつ動き出していた。もちろんこのときは、自分がのちに帝京高校に進学し、そこから創価大学へと進むことになるなんて、夢にも思わなかった――。

小学4年生の春、それまで外野を守っていた僕は、キャッチャーに転向した。

新宿ファイターズでは、同級生がバッテリーを組んでいた。ふたりは小学1年生のときからチームに所属していたから、不動のバッテリーのように思われていた。

だけど、キャッチャーだったT君は実のところ、自分にはキャッチャーが向いていないと考えていた。走って、ボールを捕って、投げる。そういうポジションのほうが、魅力的に見えたのかもしれない。そこで監督は、新しいキャッチャーを探すことにした。選ばれたのが、僕だった。

「マサノリ、算数は好きか？」

「はい、好きです」

「じゃ、お前がキャッチャーをやれ」

まったく意味がわからないと思うけれど、本当にこういうやりとりがあって、僕がキャッチャーをやることになった。

どうやら、算数が好きということは、計算ができる。計算ができるということは、考えることができる。だったら、キャッチャーに向いているだろう。そんな考え方に基づいてなされた決定だったようだ。

そこに、たまたま算数が好きになっていた僕が抜擢《ばってき》されたのだ。

この日から小学校を卒業するまでの3年間、僕はキャッチャーをやり続けることになった。ソフトボールは、野球に比べてマウンドからホームベースまでの距離が短い。だから、体感としては、球がとても速い。だけど僕はキャッチャーをやったおかげで、ソフトボールの球の速さに慣れることができた。

この経験は中学に入ってから、とても役立つことになる。

自分で気づくことを教えてくれた監督とコーチ

新宿ファイターズでは、いろんなことを楽しみながら身につけた。

コーチがいつも言っていたのは、「自分で考えて動くことの大切さ」だった。いまでも楽しい思い出として記憶しているのは、青木コーチの「座学」だ。青木コーチはとても野球に詳しい人だった。練習の予定だった週末に雨が降ってグラウンドが使えなくなると、コーチは自宅に選手たちを招き入れて、ソフトボール講座を開いてくれた。

「こんな状況になったとき、バッターはどうすればいい？」

「守備のとき、こういう風にピンチになったら、どんなシフトを敷く？」

青木コーチは僕たちに質問を投げかけながら、試合で勝つためのヒントをくれた。雨があがったら、材木店をやっていたコーチの家の広い駐車場で、ティーバッティングをやることもあった。

渡辺監督は、いい意味で青木コーチとは対照的だった。

監督は、熱い闘志をうちに秘めた人だったけれど、僕たちのプレーにはあまり口を出さなかった。「あれをするな」とか「これをやっちゃダメだ」とか、そういうことを言わずに、僕たちが自分で考えて動くことを重視した。

大人になったいまなら、よくわかる。監督はきっと我慢してくれていたんだ。本当は僕たちのプレーに言いたいことがあるけれど、ぐっとこらえる。それが子どもたちのためになるんだって信じてくれていた。それはとても勇気のいることだ。子どもが自分の力で気づくのを待つしかないんだから。監督からはなにも教わっていないように思っていたけど、実は大切なことを教えてくれていたんだと、あとになってわかった。

「自分で気づく習慣をつけなさい。自分自身から学びなさい」

それが、監督が僕たちに送ったメッセージだった。

上手く役割を分担した監督とコーチのもとで、僕はどんどんソフトボールが好きになっていった。不思議なもので、好きになれば自然と上手くなる。「次はこれを試してみよう」と、研究するようになるからだろう。

他のチームと対戦しても、負ける気がしなかった。小学6年生のときには、強豪ぞろいの大田区の大会で優勝した。3チームが三つ巴《どもえ》となって戦うなかで勝ち取った全国大会出場への切符だった。

全国大会に出場した僕たち新宿ファイターズは、ベスト16という好成績を残すことができた。小学校での「有終の美」を飾れたといっていいだろう。

そんな小学生時代に、いまも忘れられない思い出がある。

東京で生まれ育った僕は、当然のように読売ジャイアンツのファンだった。ショートの川相昌弘《かわいまさひろ》選手や、セカンド・篠塚和典《しのづかかずのり》選手のプレーに魅了された。ソフトボールのポジションはキャッチャーだったけど、プロ野球では内野手の守備を見るのが好きだった。

小学6年生の夏、父親が東京ドームでの野球観戦に連れていってくれた。父親はある日、ふと思いついたように僕を連れ出した。

「プロ野球を観にいくぞ！」

野球に興味を持ちはじめた息子を喜ばせたかったのだろう。

だけど父親はその時点でチケットを持っていなかった。チケットがなくても、東京ドームまで行けば当日券を買えるものだと考えていたんだろう。

ところが当時のプロ野球人気は、絶大だった。ジャイアンツには、のちにメジャーで活躍する松井《まつい》秀喜《ひでき》選手や、のちに名監督にもなる元三冠王の落合《おちあい》博満《ひろみつ》選手もいた時代だ。当日券なんて、売っているわけがなかった。東京ドームに到着してから、「ヤバい。球場に入れない」となった。

僕がいま、父親と同じ状況に置かれたら、めちゃくちゃに焦るはずだ。せっかく息子を連れてきたのに試合を観られないなんて、父親としてカッコ悪いと思うから。

しばらくすると、父親はどこかからチケットを手に入れてきた。「ダフ屋」と呼ばれる人たちに価格の倍くらいの金額を払ったのではないだろうか。

そうして東京ドームに入ると、観客は超満員。父親が苦労して手に入れたチケットも、自由席の、しかも立ち見のものだった。身体が小《ち》っこい僕は父親に肩車してもらって、人ごみの後ろから試合を観た。父親は、ほとんど観られなかったと思う。

肩車してもらった場所からは、プロ野球のレベルの高い試合はもちろんのこと、それに一喜一憂する人たちの姿がよく見えた。

「野球って、人をこんなにも熱くさせるんだ！」

プロ野球が持つ底力、エネルギーのようなものを感じた。

この日のことは、とても素敵な思い出としていまも記憶している。父親が僕を喜ばせるために必死になってくれたことがわかったからだろう。

あのときのチケット代、いくらだったのかな。いまでも代金を返したい。

卒業文集に、迷うことなく「プロ野球選手になりたい」と書き記した僕は、地元の区立中学に進学した。

初めてホームランを打った日、僕は監督にぶっ飛ばされた

あれは、中学に入って初めてホームランを打ったときのことだ。

ベースを1周して帰ってきた僕を、監督はどやしつけ、思いっきりビンタした。みんな喜んでくれると思っていた僕は尻もちをついたまま、しばらくあっけにとられていた。

「こんなことで調子づいちゃ、ダメだ！」

監督はそう言った。いまになってみればよくわかる。監督は僕を戒めてくれたんだ。「ホ

ームランを打ったくらいで調子に乗るようでは、終わりだぞ」って。

恩師・長沼清和《ながぬまきよかず》監督は、そんな風に選手の性格を見極めて指導する人だった。

長沼監督との出会いがなければ、名門・帝京高校に進学することも、その後、強豪・創価大学の野球部で主将を務めることも、きっとなかっただろう。

もちろん、現在のようにユーチューブでたくさんの人たちに応援してもらいながら、野球を続けることさえも――。

その話は、少しあとでするとしよう。

中学生になっても、僕の身体は小っこいまま。おっちょこちょいで、おしゃべり好きな性格もまったく変わっていなかった。

中学からは、いよいよ野球部へ！　と言いたいところだけど、僕が通った中学には野球部がなかった。そこで、近くの町にある『大森三丁目連合町会』という、やたら渋い名前の軟式野球のクラブチームでお世話になることにした。

実は中学に入る前、別の野球チームから「うちに来ないか」と誘いを受けていた。

それはリトルシニアのチームで、新宿ファイターズでの僕のプレーを見てくれた人が、声をかけてくれたのだった。実際にそのチームの練習に参加して、僕は正式に入団を認められてもいた。

だけど、ひとつだけ問題があった。そのチームには、3月生まれの僕を含む「早生まれ」のメンバーは、中学生になっても半年間は小学生として練習や試合をするという決まりがあったのだ。まさかこんなところで「早生まれ」が障壁になるなんて思わなかった。申しわけないけれど、辞退させてもらった。

僕は中学生になったからには、すぐに中学生とプレーしたかった。子どもながらに中学生になって小学生とやることを一丁前に嫌ったのかもしれない。

『大森三丁目連合町会』は、通称・大三連（おおさんれん）といった。このクラブチームで出会ったのが、いまも僕の恩師であり続けている長沼監督だ。

小学6年生の秋ごろ、野球チームに入っていた同級生が「中学生になったら『大三連』に入る」と言うのを聞いた。大三連には新宿ファイターズで一緒だったひとつ上の先輩が入っていたから、その存在は知っていた。

僕は同級生と一緒に、練習に参加してみることにした。

軟式ボールをちゃんと触ったのはその日が初めてだった。だけど、思っていた以上に上手く扱えたし、練習自体も楽しくできた。監督やコーチも実力を認めてくれた。

「このチームで野球をしよう」

そう思った。それともうひとつ、このチームに入ろうと思う理由があった。

長沼監督は、僕が小学校でイジメに遭っていたことをどこからか聞きつけて知っていた。同じ小学校から大三連に入る同級生もいたから、僕の両親は不安だったはずだ。またイジメが起きたらどうしようって。だけど、**長沼監督は「うちのチームでは絶対にイジメを許さない」と保証してくれた**。

それを聞いた両親は、安心して僕を送り出してくれたのだと思う。

大三連は、練習量がとても多かった。

平日は水曜日以外、毎日「朝練」があった。朝5時30分に集合して、2時間ぐらい走り込んだ。グラウンドで練習する場合は、その後キャッチボールをやってノックを受けた。練習が終わってから、中学校に登校した。

水曜日は「夕練」といって、放課後に集まって練習をした。週末ももちろん練習で、地区大会や練習試合に参加することもあった。

12月から2月のオフシーズンは、チーム全員で池上本門寺《いけがみほんもんじ》というお寺に行って、石段を駆け上がった。この石段は96段もあって、ずいぶんと足腰の鍛錬になった。

他のチームからも「大三連の練習はとても厳しい」っていうレッテルを貼られていた。いや、レッテルなんてものじゃない。「刻印」が押されていたといっていい。

実際、練習量は多かったし、監督は厳しくてビシバシと手が出るなんて当たり前の時代だったけれど、野球を嫌いになることはなかった。

むしろ、大三連の練習を通して、僕はもっと野球が好きになっていた。

好きでいるってことは、やっぱりとても大事なことだ。なによりもまず野球を好きじゃなければ、「練習がつらいから」とか「試合に勝てないから」といった理由でやめてしまうようになる。僕は心の底から野球が好きだったから、練習の厳しさなんてまったく苦にはならなかった。

野球には、小学生のときにやったソフトボールと違うところがあった。だけど、それにもすぐ慣れた。たとえば野球は、ピッチャーマウンドからホームベースまでの距離が18・44メートルある。小学生のソフトボールと比べると、倍近く遠い。

小学生のときにキャッチャーをやっていた僕は、短い距離から投げられる速い球を見慣れていた。そのおかげで、中学生になって同じチームの3年生が投げる球を見たときも、それほど速いとは感じなかった。その先輩は、中学生のなかでもかなり球速のあるピッチャーだったにもかかわらずだ。「算数が好き」という理由で始めたキャッチャーの経験が、ここで生きた。ソフトボールから野球へと、道はつながっていたんだ。

ただ、この先輩が投げる変化球にはびっくりした。

「こんなに曲がるの⁉」

目を見張るくらいのカーブ。中学生の野球のレベルの高さがよくわかった。それに、ピッチャーは、ただ速い球を投げればいいわけではないことも。

バッティング面でいうと、ソフトボールをやっていたときには、打球を前に飛ばすためにバットをとにかく短く持っていた。スイングもバットを振り切るのではなく、「パァン！」と当てるパンチショットのように打っていた。中学生になってからも、そのスタイルを変えなかったのがよかったのだろう。中学野球でも打てるようになっていった。

あいかわらず背が低くて、身長は145㎝くらいしかなかった。そのうえ痩せていたけれど、監督から「野球ができる子だ」と評価してもらえるようになった。だから、1年生のときから3年生の球を打てたし、試合にも出してもらえた。

中学に入って最初のポジションは外野だった。2年生になるとセカンドを任されるようになり、3年生になるころにはピッチャーになった。投げる、走る、体格のわりにパワーもあるというので、1年生のときからチーム内で頭角をあらわしていった僕。そのなかで、僕の「お調子者」な性格のよくない部分が出始めた。それが、先ほども触れた「初ホームラン直後にぶっ飛ばされた事件」を巻き起こすことになった。

中学1年生の夏だったろうか。中学に入ってから、つまり本格的に野球を始めてから、僕は初めて試合でホームランを打った。レフトオーバーの見事な打球だった。

それは「ここで一発打ってやろう」と、狙って打ったものだった。

だけど、ふだんの練習では「外野のあいだを抜くようなバッティングを心がけるように」と指導されていた。僕は承知のうえで、それを無視し、ホームランを打った。みんなの前で「僕はできるんだ」とカッコつけたくなってしまったのだ。

監督はその直前の僕の空振りやファールを見て、気づいていた。「あいつは、デカいのを打とうとしている」って。

ホームランを狙って打てれば、たしかに目立てる。だけど、もし上手くいかなかったらチームの足を引っ張ることになる。チームにとっては、僕の役割は的確にヒットを打つバッターでこそ生きてくる。

だから、ベースを1周してベンチに帰ってきた僕を、監督はぶっ飛ばした。

「調子に乗ってんじゃないぞ！」

って意味を込めて。バコーン！　って音が聞こえるくらいのビンタを食らって、僕は後ろに倒れた。なにが起きたのか、状況がしばらく飲み込めなかった。でも、監督の真剣なまなざしと言葉を聞いているうちに、監督の言わんとしていることが理解できた。

「こんなホームランで味をしめるんじゃない」

監督は、僕を含めた選手たちのダメな部分もちゃんと見ていた。熱のこもった指導だったとはいえ、選手に手を出すなんていまじゃ考えられないだろう。だけど、この経験は僕のその後の野球人生において、とても大事な教訓のひとつとなった。あとで、コーチだけがこっそり「だけどナイスバッティングだったな」って褒めてくれたことも含めて。ちなみに「ホームランを打つな」とは言われていないことも付け加えておこう。

ヘタっぴなのに自信にあふれた変なヤツ

大三連は練習もハードだったけれど、それ以外の部分でも厳しいチームだった。メンバーには野球の上手さだけでなく、精神面、いわばメンタルの強さが求められた。厳しさについていけず、やめていく人がいた。

厳しいチームとの噂からか、僕がチームに入ったとき、同級生は僕を含めて6人しかいなかった。2年生も同じく6人ぐらいで、3年生はたしか4人しかいなかった。

人数が少ないからこそ1年生のときから試合に出してもらえたのかもしれない。だけど、ハードな練習を1年以上耐え抜いた人と一緒に野球をプレーするには、それだけの気力が要求されたのも事実だ。

大三連での野球漬けの中学時代で、特に印象に残っているのが、同級生の栗山《くりやま》君だ。栗山君と出会ったのは、中学生になって大三連に入ったときだ。彼は「身体が小さい」と言われ続けてきた僕よりも、さらに小さかった。しかも、ずんぐりむっくりした体型で、申しわけないが野球には向いてなさそうに見えた。実際、1年生のときはびっくりするくらい野球がヘタだった。

でも、気持ちだけは他の誰にも負けないヤツだった。

「俺、栗山っていうんだ。よろしくな！」

出会った日に、向こうから話しかけてきた。

野球はヘタっぴなくせに、やたら熱い。しかも、自信に満ちあふれている。

「なんなんだ、こいつは……」

というのが、僕が抱いた栗山君の第一印象だった。

栗山君はもともと身体が弱かったから、せっかく遠征に出かけても、車酔いで動けないなんてこともあった。僕たちが他のチームと練習したり試合したりしているあいだは車で休んでいて、そろそろ練習が終わりそうだってときに「元気になりました！」って出てくる。そんな変わったヤツだった。

大三連に入ってまもないころ僕は、「栗山君は、きっとすぐにやめるんだろうな」と思っていた。でも、その予想ははずれた。

栗山君はちゃんと毎日練習に参加していたし、中学の3年間で少しずつ弱点を克服していった。走るのが苦手だったけれど、走り込んでスタミナをつけた。肩もあまりよくなかったけれど、筋トレで強化した。日を追うごとに上手くなっていく栗山君を見ているうちに、気の持ちようひとつで誰もが成長できるんだってことがよくわかった。

栗山君は、練習が厳しいことで有名な大三連のメンバーとして、最後までやめることなくメンバーであり続けた。中学3年生のときピッチャーになっていた僕の球を受けたキャッチャーは、なにを隠そう栗山君だった。栗山君とバッテリーを組んだのだ。

長沼監督は、栗山君の野球に取り組む姿勢と成長とをちゃんと見ていたし、評価する人だった。だから、僕らの代がチームの中心になったとき、キャプテンは栗山君が務めた。

栗山君とは、大人になったいまも良い関係でいる。

「まず、人としてちゃんとしていなさい」

監督は、チームのメンバーに対してこう指導した。何度も繰り返すけど、僕はおっちょこちょいで調子に乗りやすい性格だったから、監督のこの方針は、僕にとってよい方向に働いた。

当時、僕の周りにはやんちゃな子が多かったし、「ちょっと悪いほうがカッコいい」という雰囲気もあったと綴ったが、中学生は子どもから大人に変わる多感な時期だ。この時期に監督が僕の手綱《たづな》をしっかり握っていてくれたから、道を誤らないで済んだ。

野球が少し上手いからといって、自慢するかのように肩で風を切って歩く人たちをたまに見る。だけど、そういう人たちは、目の前に自分より上手い人が現れたときに挫折を知り、そこから盛り返そうともせずに野球をやめてしまうことも……。自分が一番じゃなければ楽しくないと思っているからだろう。

長沼監督は「そうじゃない。上には上がいるものなんだ」と何度も何度も僕たちに言い聞かせてくれた。

恩師の想いが僕を突き動かしていた

中学3年生でピッチャーになっていた僕と、栗山君のバッテリーの相性はよかった。このころの僕は「コントロールが乱れる」という言葉の意味がわからないくらい、コントロールがよかった。試合でフォアボールをひとつも出さないなんていうのは当然のことで、ノーヒット・ノーランと完全試合を何度か成し遂げたくらいだった。

それでも長沼監督は厳しかった。

「今日は徳田に任せた」なんて雰囲気はまったくない。ちょっとでも気を抜いた投球をすると、すかさずベンチから監督の檄《げき》が飛んでくる。

「オラーッ！　なんだ、いまの球は！」

だから、試合に勝ったからって得意げになんてなっていられない。勝とうが負けようが、ダメなところがあったら怒鳴られるんだから。おかげで「今日の僕はここがダメだったな」というところは自分が一番わかるようになった。

「常にトップのチームを見据えて、それを基準にして練習しなさい」

それはもう、耳にタコができるくらい口酸っぱく言われた。

ただ、監督はいつも怒っているわけではなかった。褒めるべきところでは、ちゃんと褒めてくれた。たとえば、勝負どころで盗塁を決めたとき。送りバントを上手くやったとき。僕たちはそのためのテクニックを、いっぱい教わっていた。

監督が特に褒めてくれたのは、明らかに自分たちより強いチームに、魂でぶつかっていったときだ。実力だけを見ればはるか上のチームに対して、気持ちでは「負けないぞ」、「一歩も退《ひ》かないぞ」って姿勢で立ち向かっていったときは、いくら打たれようが、どれだけ点を取られようが、褒めてくれた。

気持ちで負けていたら、試合に勝てるはずなんてないからね。

そんな朝から晩まで野球漬けの毎日を、陰で支えてくれたのは両親だった。特に母親には感謝してもしきれない。毎朝、お弁当を作ってくれたり、おにぎりをにぎってくれたり。身体の小さい僕のためにと、栄養面についてはいつも考えてくれていた。

ユニフォームを毎日、洗濯してくれたのも母親だった。洗っても洗っても、次の日にはまた、汗まみれ泥だらけにして帰ってくるんだから、途方に暮れたはずだ。

さすがに申しわけなくなって、途中から自分で洗濯するようになった。家に帰ってきたら、まず玄関に敷いたタオルの上で着ているものを全部脱ぐ。パンツ一丁で、お風呂へ直行だ。そこでユニフォームを洗ってから、シャワーを浴びた。お風呂場への移動は慎重さが必要とされた。油断して廊下を汚すと、練習で監督に叱られまくったあとなのに、母親にもどやされるはめになった。

こうして振り返ってみると、大三連に入って本当によかったと思う。

基礎体力を鍛えてくれたとか、技術的なことを学べたというのはもちろんのこと、それ以上に「野球とはなにか」、「どんな気持ちで練習すべきなのか」ということを教わった。チームのメンバーやコーチ、そして長沼監督との出会いがなければ、僕の野球人生は中学時代であっさり終わっていたかもしれない。

そう、大三連での経験は、いまの僕をかたちづくっている大きなパーツのひとつだ。

中学時代、野球以外はどうだったの？　と気になった人もいるかもしれない。

まず、勉強。これはまあまあできた。なぜかというと、大三連の長沼監督は、塾の先生でもあったから。大三連に入った生徒は、自動的にその塾にも入る仕組みになっていた。まさに至れり尽くせりだ。

監督は中央大学法学部を出ているから、中学生の勉強を教えることなんて朝メシ前。チームメイトのなかでも特に勉強ができる子たちは、中学2年生の秋くらいから高校入試を意識して、勉強にも力を入れていた。僕は、平常運転のままだったけれど。

中学時代は、ちょうど思春期とも重なる。

だから恋愛に興味を持ち始める同級生もいた。ところが僕はといえば、大三連で野球の練習に明け暮れていたから、それどころじゃなかった。

それに、僕には姉がひとり、妹がふたりいて、ずっと女性に囲まれて育ったわけだ。そのおかげなのか、女子の友だちはいっぱいいいた。家で姉や妹と過ごしている分、気構えることなく女子と話せたからかもしれない。だけど、中学のときは好きな子に胸をときめかせたり、ましてや付き合いたいと思うなんてことは一度もなかった。クールな男を気取るわけではないけれど、中学の3年間は、本当に「野球一筋」だったんだ。

プロ野球選手になりたいという夢は、ますます大きくなっていた。少しずつではあったけれど、その夢に向かって歩き出していた。

プロ野球選手になるには、高校では絶対に甲子園に出場しなければならない。僕はそう考えるようになっていた。

そして、次のステップへと進んだ。

実は、帝京とは別の高校に進むつもりだった

高校時代の野球をひとことで表すなら「戦争」だった。

僕は中学を卒業後、帝京高校に進学した。もちろん野球をやるために、だ。帝京高校野球部は、名将・前田三夫《まえだみつお》監督が率いる超・名門チームだ。

実は、僕は帝京高校とは別の高校「K」に進むことがほぼ決まっていた。

「マサノリを『ぜひうちの野球部に』と言っている高校がある」

中学3年生の春、大三連の長沼監督からそう聞かされた。K高校野球部の監督が、僕のプレーを気に入ってくれているという。しかも、K高校では特待生の待遇で迎えてくれるらしい。つまり、K高校に進学すれば3年間の学費は免除、タダになるというわけだ。

僕の家は決して裕福ではなかったから、そうした点も踏まえたうえで、監督は「どうだ?」と言ってくれたのだった。

当時、K高校野球部は東京大会でベスト4に入るぐらいの実力があった。

ただ、長沼監督の目には、K高校が甲子園に出場するためには、まだ足りないなにかがあると映っていたようだ。

「K高校に進学したら、甲子園はちょっと遠のくかもな……」

監督はK高校に対する正直な評価を僕に伝えてくれた。

プロ野球選手になるという夢を抱いていた僕は、そのためにはなにがなんでも甲子園に出場しなければと考えていた。それがプロ野球選手になるための、いわば僕なりの前提条件だった。監督もそれをわかってくれていたのだろう。

「たとえそうだとしても、僕はがんばります！」

そう胸を張って答えた。僕を必要としてくれる野球部があるというだけで、ありがたかった。僕は完全にK高校に進むつもりになっていた。特待生として入学できるなら、両親の負担も少しはましになるだろう。そんな思いもあった。

中学3年生の夏が始まったころからは、K高校での練習に備えて、硬式球を投げたり、硬式球でノックを受けたり、木製バットで素振りをしてみたりと、硬式野球に慣れるための練習を始めた。ただ、僕の知らないところで「徳田君を帝京高校に」と言ってくれる人たちがいた。大三連のチームメイトの親御さんたちだった。

これはあとで人から聞いた話だけど、チームメイトのお父さんやお母さんが集まる会合があったとき、雑談のなかで僕の進路についての話題になったらしい。

「正憲君を帝京高校に行かせるつもりはないんですか？」

監督にそうたずねた人がいたらしい。監督が「どうして？」と聞き返すと、その人は「あんなに野球が好きな子はいないし、あれだけひた向きに練習している子もいない。できることなら、甲子園に行ける可能性が少しでも高い高校に進んでほしい」と、熱く語ってくれたというのだ。本当にありがたいことだ。この方のひとことがなければ、僕はK高校に進学し、いまとは違う人生を送っていただろう。

監督は「そこまで言うなら、やるだけやらせてみるか」と思ったのではないだろうか。ある日、木製バットや硬球で練習している僕のところにやってきて、こう告げた。

「明日の朝8時、練習用のユニフォームとスパイク、お弁当を持ってうちに来なさい。板《いた》橋《ばし》まで散歩に行くから」

監督は厳しい人だったから、ボクは勢いよく「はい！」と返事をしたものの、まったく意味がわかっていなかった。その次の日いつものチーム練習の予定だったから、頭のなかは「???」でいっぱいだった。

「なにか叱られるようなことでもしたかな？」

そんなことばかり考えていた。

翌朝、言われたとおりの準備をして監督の家に行った。車に乗るように言われて乗ると、移動する車内で初めて事情を話してくれた。

「俺のなかでは、お前の進学先はK高校だと決めていた。だが、周りの人たちは違う考えを持っていたようだ。一度、お前を帝京高校に連れていってみる」

想像もしていなかった話だから、びっくりした。と同時に、とてもうれしかった。帝京高校は、小学生のときテレビで観た憧れの高校だ。一度、この目で見られるというだけで幸せだった。

「こんなことが起こるんだ！」

僕の瞳はただ、キラキラと輝いていたんじゃないだろうか。監督が「板橋まで散歩に行く」って言ったのは、帝京高校が東京都板橋区にあるからだった。いま思えば、とてもおしゃれな言いまわしだ。

こうして僕は、帝京高校野球部のセレクションを受けることになった。

僕の夢は、プロ野球選手になること。そのために、高校野球では甲子園に行く。

そう強く願っていた僕だけれど、なにがなんでも「帝京高校に行きたい！」というわけでもなかった。甲子園に行ける可能性のある高校に進むことが大事だった。

帝京高校には、ソフトボールチームで一緒だった、ひとつ年上の堅石《たていし》先輩が進学していた。堅石先輩は中学3年生のときすでに身長が185cmくらいあった。実は当時、「帝京高校の野球部は、身長175cm以下の者は取らない」という噂が、まことしやかに語られていた。160cmそこそこしかなかった僕には、無縁の世界だと思っていたんだ。

「3年間、ずっと補欠かもな」という言葉を前向きに受け取った

帝京高校の校舎に初めて足を踏み入れた瞬間、僕は圧倒された。

甲子園で優勝したときの盾をはじめ、各大会のトロフィーがいっぱい並んでいた。

「本物だ！」

セレクションに来たことも忘れ、思わず見入ってしまった。校舎の奥からは、「カキーン！　カキーン！」と打球を飛ばす音が聞こえてくる。それだけで、熱くなってきた。練習グラウンドに向かう途中、野球のユニフォームを着た先輩とすれ違った。

「ちわっ！」

大きな声で挨拶した。よく見たら、その人の身体はめちゃくちゃデカい。

「やっぱりこの高校は、見た目からしてすごい人が入るところなんだ」

あらためて思った。「これが帝京高校なんだ」と。だけど、ここまで連れてきてもらったからには、やるしかないなと腹をくくった。

「せっかくチャンスを手に入れたんだから、思いっきりプレーしてみよう！」

セレクションといっても、他の中学生と一緒にテストされるわけではなかった。僕ひとり、高校生に混じって練習をする。それをコーチや監督がチェックするという形式だった。

ユニフォームに着替えてグラウンドに出ると、コーチにたずねられた。

「君はどこを守れるんだ」

「はい！　セカンドとかショートができます！」

ウォーミングアップをして、キャッチボールをやって、ノックを受けて。とにかく必死に食らいつくしかなかった。

ベースランニングもやった。脚力には自信があったから、このときも、そこそこの記録が出たはずだ。バッティングもやったけれど、そっちはあまり手ごたえがなかった。

ユーチューブを観てくれている人ならご存じのように、僕はサイドスローでボールを投げる。セレクションの途中で、それに気づいた前田監督が、「彼はサイドから投げるんだね」と、長沼監督に話しかけたらしい。長沼監督は、大三連では僕がピッチャーをやっていることを伝えた。すると「じゃあ今度は投げてみて」という話になった。すぐブルペンに移動して、投げた。球速は120キロから125キロぐらいだったはずだ。

「サイドスローって変則的でおもしろいね」

それが僕のピッチングに対する、前田監督の評価だった。

セレクションでは当然、硬球を使った。春から少しずつ硬球に触れてきたかいがあった。それに、またしてもソフトボールの経験が生きた。というのも、ソフトボールの球は軟式球と比べて、弾まない。だからショートバウンドを捕るときの感覚は、硬式球と似ているところがある。中学での軟式野球に慣れきっていたら、硬式球でノックを受けたとき、グローブではじいてしまう可能性があった。僕が違和感なくノックを受けられたのは、ソフトボールでの弾まないボールの感覚が身に染みついていたからだと思う。

そのときはただ楽しくてやっていたことや、「いつかは役に立つはず」なんて考えずにやっていたことが、あとになって自分を助けてくれるということが、僕の人生において何度もあった。目の前にあるものにとりあえず全力で取り組む。それだけでも道は開けてくるのかもしれない。

「うん。わかった」

前田監督のそのひとことでセレクションは終わった。

僕がひとりで着替えているあいだに、前田監督から長沼監督に合否が伝えられた。帰りの車のなかで、長沼監督は僕に言った。

「……3年間、ずっと補欠かもしれないぞ」

その言葉を聞いて、僕は「えっ?」となった。

(ってことは、僕にも帝京高校の野球部に入る資格があるってこと?)

セレクションでは持てる力のすべてを出したつもりだったけれど、それでもどこかで「ここは身体が大きくて、すごい技量を持った人たちだけが来るところだ」と思い込んでいた。

だから、長沼監督の言葉で、

(逆に考えると、僕でも帝京高校のレギュラーになる可能性があるんだ!)

調子に乗りやすい僕は、そんな風に超前向きに考えた。

「ずっと補欠かもしれない。それでも『行きたい』と思うなら、帝京高校に行きなさい」

監督がそう言い終わらないうちに、僕は返事をしていた。

「はい。行きます！」

親にも相談せず、ひとりその場で決めた進路だった。

驚いたのは両親だ。僕は家に帰ったらすぐに、

「母ちゃん、僕、帝京高校に行くよ！」

そう報告した。母親は、しばらく口をぽかーんと開けていた。

「特待生の話は、学費がいらないって話は、どうなったの⁉」

K高校に進学する僕の学費の分だけ支出が減って、家計が助かると思っていた母親にとっては、まさに青天の霹靂《へきれき》というやつだった。それでも両親は、最終的に僕の帝京高校への進学を応援してくれた。優しい両親のもとで生まれ育つことができて本当に幸せだ。金銭的な面では、とても苦労をかけてしまったけれど。

「3年後には、お父さんとお母さんがおにぎりを持って甲子園のスタンドで応援してくれるような選手になる」

僕は中学校の卒業文集に、こんな風に書いた。

第2章

「甲子園」出場という夢に向かって

「文武両道」を目指した？　僕が進学コースに入ったワケ

中学3年の夏。帝京高校への進学を決めた僕は、練習量をさらに増やした。走り込みの量もトレーニングの量も、そして、食べる量も。すべてを倍にしたといっても過言ではない。大三連の練習では、長沼監督の指導に沿って、ひとりだけ完全に別メニューをこなした。高校に入ってからのレベルの高い野球を見据えての方策だった。

それでも僕は帝京高校で、想像をはるかに上まわる技量を持った人たちを目の当たりにし、ド肝を抜かれることになる。

帝京高校では、長沼監督のアドバイスに従って進学コース（文理コース）に進むことになった。野球部員の多くがスポーツコース（アスリートコース）に在籍していたので、これは異例のことだった。

当時、スポーツクラスは5時限目までしかなく、13時半から14時くらいには授業を終えて、それぞれ部活動を始めていた。そこから夜まで、みっちり練習あるのみだ。

一方、進学コースの生徒は6時限目か7時限目まで授業があって、そのあとで、すでに練習を始めている部活に、途中から参加していた。

これはまったくの想像だけど、「文武両道」を掲げる帝京高校野球部にあって、野球に注力しながらも、ちゃんと勉強もできる生徒の育成を望んでいたのではないだろうか。その一環として、「徳田君を進学コースに入れてみては」という話が、高校側から長沼監督にあったんじゃないかと僕は読んでいる。野球に振り切った人生になりがちなところを、変えていきたかったんだろう。

僕自身としてはやっぱり「スポーツコースに進みたい」という思いもあったけれど、監督の勧めがあったことや、大三連で一緒だったひとつ年上の先輩がすでに進学コースに入っていることを知って、進学コースに進むことにした。

中学での成績や論文、面接などで合否を判定するAO入試を受け、晴れて合格となった。

ただ、他の部員に遅れて練習に加わるというのは、加わるほうも気が引けるし、なんだか遅刻したみたいで申しわけない。先に練習していた部員も「あいつら、いつも遅れてきてるな……」って感じになって、軋轢《あつれき》が生じやすいという側面もあった。

僕たち進学コースの生徒は、グラウンドに到着するや否や、

「おはようございます！」

すでに練習している先輩たちに大声で挨拶をして、

「文理（コース）で6時限まで授業をやって、練習に遅れました！」

と報告してから、練習に参加するんだけど、1年生のときは先輩たちの視線が怖かったのをおぼえている。先輩たちもきっと、ほとんど前例がない進学コースの後輩をどう扱えばいいのか戸惑っていたんだろう。

結局、僕は高校を卒業するまで進学コースに在籍した。

僕が3年生になったときにベンチ入りしていたメンバーのうち、同級生のなかではスコアラーを含めて3人が進学コースの在籍者だった。「文武両道」は、ある意味で上手くいったのかもしれない。

ただ、この試みは僕らの代まででいったん取りやめとなったようだ。僕らより下の代からは、野球部に所属しながら進学コースにも在籍するケースはほとんどないはずだ。

帝京高校での練習初日、「来るところを間違えた」と絶望した

紆余曲折あって入部した帝京高校野球部。

僕にとっては、まさに甲子園出場という夢への第一歩だったわけだけれど、**その初日に**

「来るところを間違えた……」と絶望することになった。

そう、先輩たちのプレーがすごすぎたのだ。

中学に入ったとき、先輩の球がそれほど速いと思わなかったのとは、まったく逆だった。突然、それまでいた世界とは別の世界に放り込まれたような気分だった。

帝京高校の野球部といえば、あらためていうまでもなく全国的に有名な強豪校だ。野球部員は150人くらいの大所帯で、2軍3軍どころか4軍までありそう……などと想像する人がいるだろう。だけど、僕が入学した当時、野球部員は3年生まで合わせて50人にも満たなかったはずだ。1年生が20人くらい、2年生と3年生がそれぞれ14、15人ぐらいだった。入部するにはセレクションがあるし、練習がハードすぎてやめていく人もいるから、この人数になる。選ばれし者たちだけが生き残る、まさに戦場なのだ。

先輩たちはガタイ、つまり体格からして他の人と違っていた。

同じ高校生とは、いや同じ人間だとは思えなかった。そう。帝京高校野球部には「身長175cm以下の人を取らない」という噂があった。実際は、それ以下の人もいたし、僕自身、入学したときは160cmくらいしかなかったけれど。

だけど、やっぱりみんなデカい。それに、なんか怖い。鬼気迫るオーラのようなものが身体じゅうから放たれている感じだった。

僕が高校時代の野球を「戦争」と表現するのは、そんな理由もあった。誰もが、生き残ること、今日という日を生き延びることに必死だったんだ。

基本的に月水金は筋トレ、火木土はスタミナをつけるために水泳もする。「あれは風船なのかな?」と思うぐらいに軽がると重いタイヤを引っ張って走っていた。

「3年間ずっと補欠かもしれないけど、僕は可能性に賭ける。帝京高校に行くんだ!」

強い決意で入学したけれど、すぐに「あ、間違えた」と思った。

「本当に、なにもできないまま3年間が終わってしまうかも……」

とてつもない不安が脳裏をよぎった。

当時の1番バッターは、萩原圭輔《はぎわらけいすけ》さん。左バッターで、先頭打者ホームランをレフトスタンドにぶち込むような人だった。中学の野球では「逆方向に飛ばす」(左バッターの場合、レフト方向に打つこと)なんてまず考えられなかったから、そのテクニックに驚いた。萩原さんは、いとも簡単なことのようにそれをやってのけた。

2番はセカンドの若月崇泰《わかつきたかやす》さん。恐ろしいくらい守備が上手くて、おまけに俊足。バッティングでも基本的に空振りをしない人だった。

3番はショートの鈴木英旺《すずきひであき》さん、通称「ヒデさん」。ヒデさんは独特な構えのバッティングで、めちゃくちゃに飛ばす人だった。少しぐらいはずれたボール球だったら、ヒデさんには関係なかった。

4番はキャプテンの宍倉誉人《ししくらたかひと》さん。「ザ・4番」という感じで、野球マンガのキャラクターなんじゃないかって思うくらい打っていた。

5番はセンスの塊、サードの宮本博文《みやもとひろふみ》さんだ。2年生のときから試合に出してもらっていて、守備が抜群に上手い。

……と、こんな感じで、誰もかれもがバケモノに見えた。

ときどき、「高校の野球部のメンバーで印象に残っている人は?」という質問をされることがある。だけど僕にとっては全員が「規格外」だったから、「誰が」というかたちでは答えられない。全員がいまも強烈に印象に残っている。

僕にとっての帝京高校野球部は、モンスターの集団だった。そんな状況下で、1年目の僕は身体づくりに専念するしかなかった。

同級生のなかには、入学してすぐ監督やコーチの目にとまり、2軍のメンバーとして試合に出る者もいた。「さっそく差をつけられたなあ」と思う反面、自分にはまだまだ実力が足りないこともよくわかっていた。力も、速さも、強さも。すべてが足りていなかった。自慢の足の速さでいうと、僕は野球部員のなかで「速いほう」ではあった。でも、同級生にもひとりやふたりは、僕ではまったく歯が立たない人がいた。

「なんなんだ、こいつは！」

それまで見てきた人たちとは運動能力が違った。野球のレベルが違っていた。だから僕はひたすら、基礎体力づくりに励まなければならなかったんだ。

帝京高校には当時、野球部の専用グラウンドがなかった。旧校舎の隣にある練習グラウンドはなんと、サッカー部と兼用だった。サッカー部のほうが人数が多いから、ゴロを捕りにいこうとすると、右サイドからセンタリングを上げてきたサッカー部員と衝突しそうになる……なんて笑い話みたいなこともあったな。

そんな練習風景のなかで、僕はひたすら自分自身と戦っていた。

1年生で帝京のベンチ入り！　その裏で僕はひそか猛特訓!!

帝京高校で、朝から晩まで野球に明け暮れた。その日々の裏で、僕はひとり、練習が終わったあとも特訓を重ねた。大三連の長沼監督が毎晩、練習に付き合ってくれたのだ。毎日、高校での練習が終わってから地元に帰ると、22時30分から23時ぐらいになっている。それから監督の家を訪ねて、ティーバッティングを500球から600球程度打ち込むのだ。そして0時を過ぎたあたりで、ようやく自宅に帰る。そんな過酷な毎日だった。レギュラーでもない僕が、ここまでやっていたのだから、ずっとレギュラーでいる人たちの努力には凄《すさ》まじいものがあっただろう。

長沼監督は僕に期待をかけ、毎晩の特訓を続けてくれた。本当にすごい人だ。僕が監督を「恩師」と呼ぶ理由があらためてわかってもらえるはずだ。

とにかく僕は、あいかわらず身体が小さかった。練習中、僕のことを「リトルリーガー」って呼ぶコーチもいたくらいだ。

「徳田はリトルリーグだったら、めちゃくちゃ上手いんだけどな」

そんな皮肉を言われることも日常茶飯事だった。

「はい!」

元気に返事しながらも、心のなかでは言い返していた。

(見ていろよ。いつかすごい選手になってやる!)

特訓を重ねるなかで、僕は密かに、左打席で打つ練習を始めていた。

小学生時代にソフトボールを始めてからずっと、僕は右打席で打っていた。しかし、あらゆる能力に秀でたチームメイトを押しのけてレギュラーの座を狙うには、僕の足をさらに生かすしかないと考えたんだ。そのためには、「より一塁に近い左打席で打てるようになるべきだ」と長沼監督からアドバイスがあった。

帝京高校での野球は「戦争」だ。のし上がるためには毎日、持てる力のすべてを出し尽くして己の限界を超えなければならなかった。

それもこれも心から野球が好きだからこそ、できたことだった。野球をあきらめるなんて考えは、思い浮かぶことさえなかった。

成果はすぐに出たわけではなかった。

それでも僕は、1年生の秋にベンチ入りを果たした。

夏の大会が終わり、3年生が抜けて新チーム体制になったタイミングだった。2年生が中心の新メンバー20人のなかのひとりとして、僕が選ばれたのだ。おそらく、足の速さを見込まれてのことだろう。

ただ、帝京高校の野球はいわゆる「9人野球」だった。レギュラーの9人の実力が図抜けていて、足もとんでもなく速い人がそろっている。そのメンバーだけで充分に戦えたのだ。少しばかり脚力があるからとベンチに入れてもらったところで、代走として試合に出られる確率は、限りなくゼロに近かった。

それでもベンチ入りできたことで、レギュラーと同じようにシートノックを受けられるようになったし、バッティング練習に参加できることもあった。自分を認めてもらうために、監督やコーチの視界に入る機会をようやくつかんだという感じだ。あとは一日一日を積み重ねるように、野球に対する懸命な姿勢をアピールし続けた。

あっというまに高校2年生の春が来た。守備の技術はじわじわと上達していた。自慢の足にもさらに磨きをかけた。

おしゃべり好きなところは変わっていなかった。「ベンチにはひとりぐらいにぎやかなヤツがいたほうがよい」という判断もあったのだろう。僕はレギュラーでこそなかったものの、ベンチ入りし続けていた。元気なだけで報われることもあるものだ。

レギュラー9人のうち、7人が僕と同じ2年生だった。ということは、夏の大会が終わって3年生が抜けても、残る枠はふたつしかない。しかもそのふたつは、僕の守備位置であるショートではなかった。つまり、あいかわらず僕がレギュラーになれる可能性は、ほとんどなかった。

「もう、僕の出る幕はないのかもな……」

プロ野球選手になるための、ステップとしての甲子園出場。そのいくつもまえの段階であるレギュラーになることさえ、僕には難しいように思えた。だけど、それでも腐ることなく練習を続けた。僕にできることはそれしかなかったから。

「僕たちの時代」と思った直後、監督から「いらない」と告げられた

夏の大会が終わって3年生が抜け、また新しいチーム体制になった。

ついに僕らの時代の到来だ！　僕らの代の帝京高校野球部は、「東東京大会の最有力優勝候補」と目されていた。僕たち自身にもそう評価されるだけの自信があった。

ところが。

秋に異変が起きた。東京では、秋に「春のセンバツ」のブロック予選が行われる。東京都と北海道は他の府県と異なり、少なくとも1校は必ずセンバツに出場できる仕組みにな

っている。このブロック予選を勝ち上がり、東京都大会で優勝した学校は、センバツ出場の権利を得られるのだ。

そのブロック予選で、帝京高校は二松学舎《にしょうがくしゃ》大学附属高校とぶつかった。これは「事実上の決勝戦」ともいわれた大事な試合で、勝ったほうがセンバツに出場することになるだろうと思われていた。

僕たちは、そこでコールド負けをした。勝った二松学舎はそのまま勝ち進み、春のセンバツに出場することになる。

新チームのふがいない試合に激怒した前田監督は、その時点で僕たち2年生を全員チームから外すという決断をした。「僕らの時代だ!」と思ってから数か月。もうすぐ3年生だ、みんなで甲子園を目指そうという段階になって、「お前たちはもういらない!」。そう言われてしまったのだった。

監督は早くも、ひとつ下の1年生（春からは新2年生）を鍛えることに注力すると宣言した。ようやくスタートラインに立てたと思った直後に、いきなりレースへの出場権を剥《はく》奪《だつ》されたようなものだった。次の日から僕たち2年生は、練習に参加することさえできなくなった。3年生の夏までまだ残り1年近くあるにもかかわらず、だ。

ここでもし、僕たちが「もういいや」って投げやりになっていたり「終わったな……」とあきらめていたりしたら、その後の甲子園への出場はなかっただろう。僕の野球人生も、終わっていたかもしれない。

事実、そうなりかけたときもあった。恥ずかしいことだからあまり書きたくはないんだけれど、野球部の練習がイヤになって、抜け出したことがある。

新チームになって間もないころのある日、僕は集合時間に遅刻してしまった。完全に僕自身の責任だ。コーチや監督にめちゃくちゃ怒られた。

「そこに立っていろ！」

その日はずっとグラウンドの端っこに立たされていた。練習風景を眺めることしかできず、悔しい思いをした。次の日、グラウンドに行ったら、今度は「お前なんかいらない。帰れ！」と言われてしまった。言いわけになってしまうけれど、ふだんの練習でのつらさとか、なかなか試合に出してもらえない悔しさが僕のなかで蓄積し、限界に達しそうだった。思わず感情的になってしまった。

「わかりました。帰ります」

そのまま自宅に帰ってしまった。本当に勝手なことをしてしまった。

その夜、中学時代の恩師・長沼監督から電話があった。

「なにかあったのか？　『帰れ』って言われて、帰っちゃったらしいじゃないか」

「すみません……」

落ち着きを取り戻していた僕は、早くも後悔していた。もう謝るしかなかった。どうやら帝京の前田監督から長沼監督に連絡が入ったらしい。「『帰れ』って言ったら、本当に帰っちゃってさ」みたいな感じで。

「明日、監督に頭を下げにいきなさい。まだ野球を続けるんだろう？」

返す言葉がなかった。たしかに僕は、野球を続けたかった。翌日、監督のところへ行って謝罪をした。監督は許してくれた。

だけど、その数か月後に僕はまた同じように「脱走」してしまい、また同じように謝って、許してもらった。高校2年の夏から3年生の春にかけては、それだけ肉体的にも精神的にも追い詰められていたのだろう。自分で自分自身にかけたプレッシャーに押しつぶされそうになっていた。

僕もまだまだ若かった。いろんな人に迷惑をかけていたんだ。

キャプテン、レギュラー、補欠の僕。それぞれの思いを胸に

それでも僕は踏みとどまった。野球が好きだったから。仲間がいたから。

「お前たちはいらない」と宣言されて、練習にもまともに参加させてもらえなくなった僕たち2年生（新3年生）軍団はなにをしたか。

そう、決してあきらめなかったのだ。

このときリーダーシップを発揮したのが、キャプテンの奈良隆章《ならたかあき》だった。のちに彼は、前田監督から「絶対的なキャプテン」として認められるまでになる。

残り1年をどう過ごすべきか。奈良は考えた。そして僕とキャッチャーの笹沢学《ささざわまなぶ》に相談を持ちかけてきたのだ。

「俺はこのままで終わりたくない。力を貸してくれないか？」

その日から、夜な夜な僕たち3人はミーティングをした。

自分たちはなんのために厳しい日々を乗り越えてきたのか。これから1年、自分たちにできることはなんなのか。毎晩、真剣に考えた。僕らはなにをするために帝京高校に入ったんだ。自問自答を繰り返した。

キャプテンの奈良の意見があって、レギュラーの笹沢の考えがあって、ずっと補欠だった僕の思いがあって。そしてキャプテンにはキャプテンならではの悩みがあった。笹沢には試合に出ることの大変さがあった。僕にはベンチ入りしつつも活躍できず、くすぶった感情があった。

2年近くも一緒に練習してきた仲間のはずなのに、僕たちはお互いの気持ちをよく理解できていなかったことに気づいた。感情をぶつけ合ったのは、このときが初めてだった。

「レギュラーメンバーは、もっとできたはずだ」

「控えだって活躍できる場があったんじゃないか」

真正面から語りあった。そのなかで、僕たちはひとつの大きな収穫を得た。

「やっぱり、甲子園に行きたい！」

そんな各々《おのおの》の思いを確認し合えたのだ。目標が一致したら、あとはそのためにすべきことを考えればいい。

そして議論の末にたどり着いた答えは明確だった。

「甲子園に行くには、後輩たちを勝たせるしかない」

自分たちの夢は、甲子園に行くことだ。甲子園に行くにはどうすればいいか。試合で勝てばいい。勝つにはどうすればいいか。自分たちが出られない以上、後輩たちに勝ってもらうしかない。ならば、全力で後輩たちを支えるしかない。そう考えたのだ。

このタイミングで僕のなかでは「僕が甲子園に行きたい」という夢が、「帝京高校野球部というチームで甲子園に行きたい」という夢へと変わっていった。

僕たちはチームの同級生に声をかけ、ひとりずつミーティングに巻き込んでいった。自分たちの思いを共有して、理解してもらって、協力してほしいとお願いする。もちろん、その方針に納得できない者もいた。それを理由に野球部を去っていく者もいた。

だけど、僕たちにはそれしか方法がないように思えた。このとき「一揆《いっき》」を起こしていなければ、僕たちは腐ったまま高校3年生の1年間を過ごすはめになっただろう。

意見をぶつけ合ったことによって、お互いを理解するようになっていた僕たちは、その輪を少しずつ広げていった。

下級生たちのチームをサポートすることに振り切った僕たちは強かった。後輩の練習を、愚痴や不平を漏らすことなく手伝った。

すると不思議なことが起きた。

こういってはなんだけど、もともと僕たち新3年生には実力があった。さらに下級生をサポートするという思いだったから、ある意味でプレッシャーから解放された状態でもあった。練習のときにはめちゃくちゃ声を出すし、プレーさせてもらえるときには全力で臨めた。僕自身も思いっきりダイビングキャッチなんかをして「野球って楽しいな」と再確認したのも、このころだった。

僕たちの結束も、いつのまにかより強いものになっていた。

それを見た前田監督は、「あいつらの目はまだ死んでない」と思うようになってきたらしい。その一方で、新2年生を主体としたチームは、監督が思うようには伸びなかった。彼らも彼らで、つらい思いをしていたはずだ。監督やコーチ、そして新3年生の思いを一身に背負っていたのだから。

前田監督は、新2年生チームにできてしまった穴を、少しずつ3年生というパーツで埋めていくようになった。運よく僕もそのなかのひとりとしてチームに入れた。再びバッティング練習を含め、いろんな練習に参加できるようになったのだ。

このときの練習で、僕はついに「左」へと打席をチェンジした。長沼監督との2年間にもおよぶ特訓の成果を、ついに披露するときがやってきたのだ。

これが功を奏した。足の速い僕が、左で打てるようになったのだから、評価は上がった。以降、現在に至るまで、僕は左打席に立ち続けている。

最終的に次の春が来るころには、僕たち3年生主体のチームが完成していた。

このときチームで引退する夏まで戦えたのは、やはりキャプテン・奈良のリーダーシップによるところが大きかった。

二松学舎にコールド負けをしたあの日の夜、奈良はひとりで前田監督のもとを訪れて、**「明日から『日本一』の練習をさせてください」**と訴えたらしい。彼らについていく僕たちは大変だったけれど、練習した分だけチームは強くなった。

紆余曲折を経て生まれ変わった帝京高校野球部は、本当に強かった。その後の春の大会から、夏の甲子園準決勝で智辯《ちべん》和歌山高校に敗れるまで、練習試合を含めて一度も負けなかった。それくらいチームがまとまっていたのだ。

僕たち新3年生を奮起させたのは、前田監督だ。

僕たちが自分たちで考えて動き「なにくそ！」の精神ではい上がる。はい上がってきたときには以前よりも強いチームができている。監督は、崖の上でそれをじっと待っている。監督が「名将」と呼ばれるゆえんかもしれない。

レギュラーの座に最も近かったそのとき、僕はケガをした

ただ一方で、僕個人としては伸び悩んでいた。プロ野球選手になる夢をあきらめたわけではなかった。けれども、夢は確実に遠のいているように思えた。

3年生の春季大会あたりからショートのレギュラーだった選手が、いわゆる「イップス」になったことがある。精神的なプレッシャーがあったのか、上手く捕球できない、上手く投げられないという状況が多発したのだ。本人は悔しい思いだったに違いない。頭ではわかっているのに、自分の身体がいうことをきかないのだから。

僕はといえば、「もしかすると、僕にもチャンスが巡ってくるかもしれない」と考えるようになっていた。残酷なように映るかもしれないけど、これは「戦争」だった。生き残るためには、他の人のことになど構っている暇はなかった。

だけど、やっぱり世の中そう上手くはいかなかった。

春の大会以降、帝京高校が40連勝の快進撃するなかで、僕もショートとして試合に出してもらっていたことがある。左打席でのバッティングも板についてきたころだ。このままいけば、レギュラーの座も……なんて思いはじめたとき、僕はケガをしてしまった。

「持っていない選手」というのは、そういうものだと思う。努力や実力や才能ではカバーできないところでつまずく。目の前にチャンスが転がってきても、上手くつかめない。これればかりは、どうしようもない。

こんなとき、僕は自分を恨んだり他人を羨《うらや》んだりしないようにしている。

考えようによっては、こうした経験のひとつひとつが、いまのユーチューバー・トクサンを生み出した可能性だってあるのだから。

このとき傷めたのは、足の裏だった。ある日突然、足をまともに地面につけなくなった。足をつくと、足の裏に激痛が走るのだ。それでもレギュラーになりたい一心で練習を続けていた。誰にも知られないように、スパイクにこっそり布やゴムを入れて痛みを和らげていたけれど、やがてそれにも耐えられなくなった。

「布やゴムでダメなら、鉄しかない」。そう考えて、靴の中敷きにするため、家でジュースのアルミ缶を切っていた。すると、母親の驚く声が聞こえてきた。「なにしてんのよ、あんた！」。監督やコーチに知られずに済む方法を、と考えての行動だったが、冷静にみれば、ものすごくばかげていた。隠しきれなくなって、足の裏が痛いことを白状した。

「これにテーピングをして靴のなかに入れたら、足を守れるかなと思って」

「バカじゃないの？　そのアルミでさらにケガしたらどうするの」

返す言葉もなかった。すぐ病院に行った。足の裏の筋がひどい炎症になっていた。お医者さんの話によれば、疲労で太ももや脚の柔軟性がなくなると、足の裏に響くということだった。つまりは、日ごろのケアを怠けていたことが原因だった。

診察を受けてからは、しばらく片足を引きずるようにしか歩けなくなった。もちろん、まともに練習できるわけもなかった。

帝京の強みというのは、そうして僕が抜けたポジションに入った選手が、ちゃんと活躍できるところにある。ケガが完治してからも、僕はベンチのままだった。試合には出られず、歯がゆい思いをした。千載一遇のチャンスで9番ショートとしてレギュラーの座をつかみかけていた僕は、こうしてまたベンチへと戻っていった。

だけど、もう逃げるなんてことはしなかった。僕が優先すべきは「甲子園に行くこと」だ。そのためには、やれることをやる。サポートに徹するのは、慣れている。

僕はベンチからひたすら声を出した。さながら「ベンチ番長」のようだ。ひとり打席に立つバッターには「みんながついている」と励ましてあげる。素晴らしいプレーをした選手は、「よくやった」と迎えてやる。

「自分ひとりじゃない。応援してくれている仲間がいる」

レギュラーメンバーがそんな風に思ってくれたらと、試合を盛り上げていた。僕の「おしゃべり好き」な性格が、ここでも生きた。キャプテンの奈良を中心にミーティングするようになってから、少しずつチームの一体感が増していた。このころのことで思い出すのは、夏の予選・東東京大会の準決勝を控えたときのことだ。

当時、僕たちのエースは高市俊《たかいちしゅん》だった。彼はのちに青山学院大学を経て東京ヤクルトスワローズに入団する。高市は絶対的なエースではあったけれども、夏の大会では調子がイマイチだった。おもにレギュラーメンバーから、「このまま高市が投げたのでは、帝京高校は甲子園に行けないんじゃないか」という意見すらあがった。その声は監督にも届いて、準決勝や決勝では高市の先発が見送られることになった。それでも高市はへこたれず、自分なりに調整をしていた。監督もちゃんとそれを見ていた。

予選の決勝では、高市の代わりに、のちに広島東洋カープに入る吉田圭《よしだけい》が先発した。だけど吉田は、3回までに3失点してしまった。このままでは甲子園出場があやうかった。そこで4回からは高市がマウンドにあがった。すると高市は見事にメンバーの期待に応えた。そこからノーヒット・ピッチングをしたのだ。選手たちの声にめげることなく調整してきた結果だった。僕たちは勝利のために、ふだんは仲間であっても気になるところは遠慮なく指摘しあった。それがこんな風に、お互いの刺激になる面もあった。

ベンチの僕にとって、味方を鼓舞することは大きな仕事のひとつだった。自分もレギュラーと共に戦っているんだ。そういう意識が強かったから、帝京高校が勝ち進み、甲子園への出場を決めたときは本当にうれしかった。

「帝京高校に入ってよかった」

心の底からそう思ったのは、もしかするとこのときが初めてだったかもしれない。思い描いたかたちではなかったけれど、甲子園に行くという夢がひとつかなった瞬間だった。

開幕戦から僕らの出番！　夏の甲子園大会は瞬く間に

ずっと憧れていた甲子園。

だけど、その甲子園大会で入場行進をしたときのことは、ほとんど記憶にない。僕たち帝京高校野球部には「遊びにきたんじゃない」という意識があったからだろう。

甲子園の開会式はテレビを通して日本中が注目する大イベントだし、プロ入りが確実視されている有名な選手が一堂に会する。入場前に選手たちが待機するスペースでは、関係者がカメラを持って「一緒に撮ってください」なんて撮影している光景も見た。

だけど、僕たち帝京高校野球部は違った。すでに戦闘モードに入っていた。

僕たちの出番が、開会式直後の第1試合だったからというのもその理由のひとつだ。いわゆる開幕戦での試合だった。

それに先だつ抽選会で、クジを引く番がまわってきたとき、キャプテンの奈良は「開幕戦を引いてくるけど、いい？」とチームメイトに確認した。僕たちは「いったれ！」という感じで、「引いてこい！」と送り出した。そしたら奈良は本当に開幕戦を引き当てた。クジの引きまで強い僕たちは、負ける気などしなかった。

緒戦の相手は、沖縄県代表・中部商業高校だった。開会式が終わったあと、両校の選手はそのままベンチに引き揚げて第一試合に挑む。開会式直後だから観客も多い。5万人近い人たちが僕たちの試合を注視していた。観客の声援がわんわんと球場全体に響いている。

「あのとき観た光景と一緒だ！」

小学5年生のとき、テレビで観た帝京高校対創価高校の一戦を思い出した。あの熱気、あの興奮が目の前にあった。自分なりの努力を重ねた、野球を愛し続けた、信頼できる仲間と出会えた。そうしてたどり着いた場所だ。

試合は11対8という壮絶な戦いとなったけれど、僕たちは勝利した。

夏の高校野球といえば、毎晩放送される『熱闘甲子園』（朝日放送）も楽しみのひとつ。もちろん僕たち球児も宿舎で楽しみにしていた。中部商業に勝った夜だって、どんな風に映るのかと期待に胸を膨らませていた。だけど、この年（2002年）は沖縄の本土復帰30周年という、沖縄だけでなく日本にとっても大切な節目の年だった。そのせいか番組は中部商業のナインに密着した内容となっていた。僕たちが映ることはほとんどなかった。

2回戦では、滋賀県の光泉《こうせん》高校とあたった。ここには馬場兄弟という双子のバッテリーがいた。まるでマンガのキャラクターみたいで話題性は抜群だ。ここにも勝ったけれど、またも『熱闘甲子園』で帝京高校が取り上げられることはなかった。

3回戦でぶつかったのは福井県の福井高校。ピッチャーは当時2年生で、のちにプロ野球入り（千葉ロッテマリーンズ）する藤井宏海《ふじいひろみ》選手だ。彼は2回戦でなんと14奪三振の完封勝利をおさめていて、いやがおうにも注目が集まっていた。「帝京高校戦ではいくつ三振を奪うのか」なんて言われていた。

その1回表。帝京の1番2番は三振に倒れた。観客がおおいに沸いたところで、我らがキャッチャー笹沢の登場だ。笹沢は遠慮なくレフトスタンドにホームランを放った。そのまま勢いづいた我らが帝京高校は、17対7で勝利した。

当然、その夜の『熱闘甲子園』も福井高校を中心に構成されていた。ここまで書いてきたように、帝京高校にも熱いドラマはあった。だからちょっと寂しかった。

4回戦は、香川県の雄・尽誠《じんせい》学園高校だ。ここでもなんとか競り勝つことができた。いよいよ『熱闘甲子園』に帝京が……と思ったけど、やっぱり映らなかった。

結局、僕たち帝京高校は、次の準決勝で和歌山県の智辯和歌山に敗北を喫した。7回が終わった時点で1対1という緊迫した試合だったけど、8回と9回で智辯和歌山に試合を持っていかれてしまった。

僕たちの夏は、終わった。甲子園での1戦1戦は濃密なものだっただけに、あっという間に終わってしまった。僕もベンチ入りしたメンバーとして、全国の高校球児の憧れの的である「甲子園の土」をシューズ袋に入れて帰った。

ちなみに、**この日の『熱闘甲子園』でも、なぜか帝京高校はメインで扱われなかった**。どこか期待していた分、拍子抜けしてしまったけれど、いまとなってはいい笑い話になっている。こうして僕の高校野球は幕を閉じたのであった。

第3章

僕は、プロ野球選手に
なれなかった

「君、なんで控えやったん?」実力を認められて強豪・創価大学へ

チーム内にもライバルがいて、対戦校ともバチバチだった高校時代の野球を、僕は「戦争」に例えた。

では、大学時代の野球がどうだったかといえば、「スクラム」という言葉がしっくりくるだろう。同じ志《こころざし》を持った同志が一丸となって、巨大なスクラムを組んで敵に向かっていくイメージだ。

全国から4000校以上が参加した夏の大会で甲子園出場をはたし、ベスト4まで勝ち進んだ帝京高校野球部。これで僕の「甲子園に行く」という目標は達成できた。

その甲子園での戦いのさなか、野球部の部員には「大会が終わったら、監督との進路相談が実施される」という連絡があった。高校を卒業後どの道に進むのか、監督と話し合うための面談だ。プロ野球選手になる夢をあきらめていない僕は、高校からプロに進むことが難しい以上、大学に進学することを考えていた。

ただ、どの大学に行くかで、僕の将来は変わるだろうという予感があった。

高校時代の僕は、ベンチ入りしたものの、レギュラーの座をつかみそこねた。これでは

プロ野球のスカウトの目に留まることがないのも当然だ。だから大学では、レギュラーになれて、かつ、スカウトの目に入る可能性のあるところに行きたかった。

夏の甲子園で全国レベルの野球を間近で感じながらも、僕はどこかで自分の技術に自信を深めてもいた。

（帝京高校では補欠だったけれど、この高校だったらレギュラーになれたかも……）

試合を観ていて、そう思うことが何度かあったのだ。

それくらい帝京には、どの高校に行っても通用するであろう部員がそろっていた。甲子園で全国の高校野球のレベルを目の当たりにしたことで、僕は大学野球でも十分にやっていけるだろうと考えるようになったのだ。

だったら、と僕は考えた。どの大学が僕に適しているだろうか。

大学野球には野球連盟がいくつかあって、加盟するチーム同士でリーグ戦を行う。東京六大学野球連盟、東都大学野球連盟、首都大学野球連盟……どこに加盟する大学がいいのか。ひとつひとつ見ていった。

検討するなかで、自分なりに導きだした答えが、創価大学だった。

創価大学は、東京新大学野球連盟に加盟する学校のひとつで、1部リーグでの最多優勝回数を誇る強豪だ。全日本選手権や明治神宮野球大会の出場常連校でもあった。

「ここなら、プロのスカウトの目に留まる可能性があるはずだ！」

そう考えたのだった。

甲子園大会が終わると、告知されていたように、すぐ前田監督との面談があった。僕は「創価大学に進みたい」という意志を伝えた。監督は僕の考えを尊重してくれた。中学生のとき、長沼監督が前田監督に連絡してくれたように、今度は前田監督が創価大学の野球部に連絡を取ってくれた。

話はトントン拍子で進んだ。甲子園の余韻に浸るまもなく、同じ8月中に僕は、創価大学硬式野球部のセレクションを受けることになった。

キャッチボール、遠投、ノック、ベースランニングを全力でこなした。そのさなか、創価大学の堀内尊法《ほりうちたかのり》コーチ（現監督）が僕にたずねた。

「徳田君、なんで控えの選手やったん？」

つまり、僕にレギュラーになるだけの十分な技術があるという意味だった。コーチは僕の野球を高く評価してくれたのだ。

結果、セレクションに合格した。のちに大学の入学試験にも合格した。しかも学費が免除される「特待生」として扱われることになった。今度は両親も喜んでくれた。

ただ、特待生といっても1年ごとに査定がある。もし、学校側が期待する選手になれなかったら、特待生の扱いを打ち切られる可能性もあった。僕はこれまで以上に、真摯《しんし》に野球に取り組まなければならなくなったのだ。

このころには、ようやく僕のおっちょこちょいで前に出たがりな性格も落ち着きはじめていた。きっかけは高校3年生の春ごろ。たまに出してもらった試合でエラーをしまくったことだった。

すでに書いたように、レギュラーをつかめるかどうかというチャンスがまわってきた。僕は毎日の練習で良いところを見せなければと、必死になっていた。シートノックでは、上手く捕ってみせて「僕だってできるんだ」と監督やコーチにアピールをしまくっていた。だけどそれは、試合での生きた野球として通用するはずもなかった。

せっかく出してもらえた試合、しかも絶対にアウトを取りたい状況で、僕は2回連続トンネルしたり、監督のサインを見落としたりと散々な結果だった。試合後、監督には案の定、ブチ切れられた。

中学時代、カッコつけてホームランを打ったときからなにも変わってないことに気づいた。初めて自分自身を、ちゃんととらえ直した。

「試合で使えない選手って、僕みたいなヤツのことをいうんだろうな……」

めちゃくちゃに反省した。もう同じミスを繰り返さない。状況を判断して、行動する。そう決めた。

それですぐ落ち着けたわけではないけれど、それでも少しだけ変われたはずだ。

僕の調子に乗りやすい性格は、試合中ベンチで騒がしい分には重宝《ちょうほう》された。いわゆるベンチウォーマーだ。しかも最高の。

ただ、僕がいま、前田監督の立場だったとして、選手のなかに徳田正憲という当時の僕がいたとしたら、やっぱり試合には出さないだろう。

ベンチには置いておく。それは間違いない。足が速いし、機敏な守備もできる。意外性のあるバッティングだってある。ベンチ入りさせておけば、ベンチをおおいに盛り上げてくれるだろう。けれども、試合には出さない。

なぜなら、徳田正憲のお調子乗りの部分が、他のしっかりした選手たちの足をひっぱる可能性があるからだ。高校生のころの僕は、そのことに気づいていなかった。

2003年3月1日、僕は帝京高校を卒業した。

良いこともつらいことも、うれしいことも悔しいことも経験した濃密な3年間だった。

ここでも恩師と呼べる監督や「こいつらと仲間でよかった」と心の底から思えるチームメイトに出会えた。

「帝京高校で甲子園にいきました！」

卒業から15年以上経ったいまでも、胸を張ってそう言えるのは誇りだ。その経験をしたのは、日本のなかでもごく限られた人だけなのだから。

「3年間、ずっと補欠かもしれないぞ」

中学時代の恩師・長沼監督が言ったことは、現実になった。

自分自身に対する歯がゆさはあったけれど、不思議と悔いはなかった。

高校を卒業したその日、僕は早くも創価大学野球部の寮に入った。

親御さんや指導者に知ってもらいたいこと

僕は中学時代に軟式野球を、高校時代は硬式野球を経験した。

このふたつはどちらも同じ野球ではあるけれど、違うところがたくさんある。もちろん、ボールが違うから守備もバッティングも必要な技術が違ってくる。しかしここで僕が言いたいのは、野球に対する意識についてだ。

中学から硬式野球をやる子たちは、どちらかといえば、より高いレベルで野球をやりたいという子たちだろう。甲子園への出場を目指し、ゆくゆくはプロ野球選手になりたいと考えている。

一方、中学で軟式野球をやっている子たちのなかには、プロを目指すからこそ、中学では肩を壊さないように、あえて軟式球でやろうと選択した子もいれば、「楽しんで野球をしたい」、「友だちや仲間と友情を育みたい」という子もいるはずだ。

だから、**親御さんや指導者のみなさんには、その子が野球についてどう考えているのか、ぜひ話を聞いてあげてほしい**。

たとえば、「野球は中学まで高校からは勉強に打ち込みたい」というのであれば、それはそれでいい。そういう子には、考える力を養わせるために技術面の話をしてあげたり、この状況ではどう動くべきなのかという戦術的な技術を教えてあげたりしたい。

対照的に、その子が「甲子園に行きたいんだ」、「プロ野球選手になりたいんだ」と本気で思っているのだとしたら、とにかくバットを振らせたり、打ち込みをさせたり、食事の管理に気をつけたりといった方向に舵《かじ》を切ってあげてほしい。

特に中学時代は、異なる目標を持った子たちが野球部や、野球チームというひとつの場に集まってくる。それぞれどんな思いで野球に接しているのか耳を傾けることができれば、その子自身にとって、またチームにとって、親御さんや指導者の皆さんにとっての成長につながるだろう。

いま、振り返ってみれば、中学時代に「大三連」で一緒だったメンバーもそれぞれ目標が違っていた。当時のチームメイトのなかには、野球を離れて登山家になった者もいる。

人生には、いろんな道がある。なにが正解かなんて、わからない。

ただひとつ言えるのは、結果よりも過程こそが大事だってことだ。

自分に厳しくならなきゃ成長できない創価大学野球部

高校を卒業したその日、僕は創価大学野球部の寮「光球寮《こうきゅう》」に入った。大学の野球部の練習に少しでも早く参加するためだった。大学の入学式まではまだ1か月以上あるにもかかわらずだ。これは入学式のすぐあとに始まる、春のリーグ戦に備えてのものだった。

光栄なことに、1年生のこの時期から練習に参加させてもらえたのは、僕と鹿児島の樟《しょう》南《なん》高校から来た我《が》那《な》覇《は》悟《さと》志《し》のふたりだけだった。創価大学が僕に期待してくれていることが、ひしひしと伝わってきた。

実家を離れて東京都八王子市にある寮に入った僕は、生まれて初めてひとり暮らしをすることになった。

……と言っても、光球寮では上級生と下級生がふたりひと組となって、ひとつの部屋で暮らすことになっていた。寮では同じ部屋の先輩・後輩を「部屋長」「部屋っ子」と呼んでいたが、僕の部屋長は、3年生のピッチャー・阿《あ》久《く》根《ね》潤《じゅん》一《いち》さんだった。

高校では先輩後輩の上下関係がめちゃくちゃ厳しかったから、「大学ではどうなんだろう?」と身構えていたんだけど、阿久根さんは男気があって、しかも優しい先輩だった。

寮生活には起床時間とか門限など、いろんな規則があった。22時には全員、携帯電話(当時はスマホがなかった)を寮内に設置された箱に預けるという決まりもあった。だから22時以降は、メールをしたり電話をかけたりできなかった。みんなおとなしく寝るしかなかった。阿久根さんは関西弁で「週に一回は部屋に掃除機かけてなー」とか、「冷蔵庫は勝手に使ってええからなー」という感じで手取り足取り教えてくれた。なにより後輩の僕に偉そうな態度をひとつも取らなかった。

おかげで寮生活に戸惑ったり、ホームシックになったり、慣れない環境で逃げ出したりしたくなるようなことは一度もなかった。

高校時代の野球部と違って、創価大学硬式野球部は大所帯だった。

当時、80人ぐらいが所属していたはずだ。そこにはマネージャーや学生コーチなんかも含まれているので、プレイヤーは75人ぐらいだったのではないだろうか。そのなかで、僕は1年生からレギュラーメンバーと一緒に練習させてもらえたことになる。僕はがぜん、気合を入れて練習に臨んだ。

創価大学の野球部では、先輩・後輩の関係が思っていた以上にフラットだった。ただ、1年生に割りふられた役目はもちろんある。まず、練習前のグラウンド整備や後片づけ。試合のときには、荷物係を務める。移動バスからグラウンドまで、ヘルメットやバットケースといった道具一式、ジャグと呼ばれる水入れを運ぶのが仕事だ。

だから、遠征のときだけは大変だった。なにしろ1年生が僕と我那覇しかいない。ふたりで両脇に道具を抱えてグラウンドまで歩くのだ。僕たちが苦労しているのを見て、2年生の先輩が笑いながら手伝ってくれたのをおぼえている。

寮では大浴場を使うのは先輩が先とか、食堂で先輩と一緒になったら元気に挨拶するというルールはあった。僕たち後輩は、食堂の入口のほうに向かって食事しながら、いつでも挨拶できるように心がけていた。だけど、たとえば後輩が先輩のユニフォームの洗濯を命じられるというような、理不尽な扱いをされることはなかった。

思えば、高校の野球部では厳しい上下関係があった。いま現在はどうなっているかわからないから、あくまで昔の話として聞いてほしい。

帝京高校の最寄りはJR埼京線の十条駅だった。そこから池袋駅や渋谷駅に着くまでのあいだ、1年生は座席に座ってはいけないという決まりがあった。どんなに空《す》いていても座ってはいけないのだ。

また、1年生は学校帰りにコンビニに寄ってはいけないという決まりもあった。なんでなのかっていわれると、さっぱり理由がわからないのだけど、当時は「そういうものだ」と割り切って従うほかなかった。

そう思えば、大学は高校時代と比べると、かなり過ごしやすい印象だった。だけども、そこは各々の自主性に委ねられていたとも考えられる。過ごしやすいからこそ、自分自身に厳しくならなければ、だらだらと意味のない時間を過ごしてしまうというワナがあった。

「自分に厳しい」といえば、僕が1年のときにキャプテンだった杉山亮平《すぎやまりょうへい》さんは、気さくな反面、自分にも他人にも厳しい人だった。

杉山さんはあるとき、野球部内で決めた規則を守っていない人がいることを知った。それはもちろん、法律を破るようなものではないので、もし別の人がキャプテンだったら、口頭で注意するだけで済ませただろう。

だけど、杉山さんはその人に退部するように勧告した。「ちょっとした気のゆるみが、大きな事故や不祥事につながることもある」。それが杉山さんの考え方だった。規則を破った人は反論できるはずもなく、まもなく野球部を去っていった。

チームが一丸となって戦うために、ときにはこうした厳しさも必要だろう。社会問題にもなった野球部内でのイジメや暴力事件もきっと、最初は「仲間だから」とか「同級生だから」と見逃していたことが、やがて大きくなっていったんじゃないかと思う。

創価大学野球部では、部員たちも杉山さんが怖いから従うんじゃなくて、杉山さんの姿勢を見習って、その後をついていくという感じだった。だから野球部には、いつもピリッと張りつめている雰囲気があった。

杉山さんの姿勢は、僕が上級生になったとき、そしてキャプテンという立場になったときおおいに参考にさせてもらった。

数々の伝説を持つ野球部・岸監督との出会い

創価大学の硬式野球部を率いた岸雅司《きしまさし》監督（当時）は、中学や高校で出会った監督とはまたタイプの違う人だった。

監督は、山口県の久賀《くか》高校から社会人野球の本田技研に入って活躍した人だ。都市対抗野球に何度も出場した経験を持っていた。いわゆる生粋《きっすい》のスラッガーで、ホームラン王や打点王を取ったこともあるらしい。本人の話では、元・阪神タイガースの掛布雅之《かけふまさゆき》さんとは同じ学年で、高校生のころは「東の掛布、西の岸」とまでいわれたらしい。

そんな岸監督は、監督に就任したとき、まだ20歳代だった。いまの僕よりも若かったのだから、本当にすごい選手だったのだろう。

当時の創価大学野球部は、お世辞にも強いとはいえないチームだった。けれど、それでも腕におぼえのある選手が何人かいた。

「このチームを日本一のチームにする！」

就任したばかりの岸監督が選手に向かってそう宣言したとき、監督の実力を疑う者がいたらしい。誰かが、「そういうことはうちのエースの球を打ってから言ってほしい」と言い出した。まるで野球マンガみたいな展開だ。

岸監督は「いいよ」と勝負に応じると、**当時のエースが投げたその初球を打って、レフトスタンドにブチ込んだ。**

それを見た選手たちは一気に静まり返った。以来、本気で練習に取り組むようになったという。そんな「伝説」がまことしやかに語られていた。

時は流れて、僕が大学を卒業してから何年も経ったある日、野球部のOB会があった。その会場で幸運にも岸監督が就任した年に部員だった先輩と話す機会に恵まれた。せっかくなので、岸監督とエースの対決エピソードが本当なのかと聞いてみた。

「本当だよ」

その方は、笑って答えてくださった。

「僕はあの打球を見た瞬間、監督についていこうと決めたんだ」

そうおっしゃっていた。

就任間もない岸監督の指導のもとで野球部は強くなっていった。しかし、なかなか日本一にはなれなかった。

監督はハードな練習メニューを課し、選手も弱音を吐かず懸命に食らいついていったにもかかわらず、だ。当時負け知らずだったのが流通経済大学だった。創価大学は、この厚い壁を破ることができず、2位に甘んじる時代が続いていた。

そんななか、岸監督は大学の教員や各部活の監督、コーチが集まる会合に出席した。「日本一になる」という公約を長年達成できないでいた監督は、他の参加者にまぎれて目立たないようにしているつもりだったという。

だが、すぐ大学の創立者に見つかってしまった。

「岸君、なんで隠れているんだ」

監督は、野球部が力を発揮できないでいること、そしてそのことを咎《とが》められると思ったと正直に話した。

「君がそんな気持ちでいるからじゃないのか！」

約束を果たせないからといって、目立たないようにしていたその精神がまずダメだと、大目玉を喰らった。まったくそのとおりだった。

「まずは人間を作りなさい」

そのうえで、監督はそんなアドバイスをもらったという。

監督自身も、とにかく試合に勝つことだけを優先する、いわば「勝利至上主義」という迷路に迷い込んでいたことに気づいた。勝つことだけに専念すると、なぜか勝てなくなってしまうものだ。

まずは、選手という人間ひとりひとりと向き合い、伸ばすべきところを伸ばしてやる。時間がかかるように思えるけれども、結局はそれが確実な成長につながるという話をされた。いわば、遠回りこそがゴールへの一番の近道になるというわけだ。

では、選手という人間を育てるために岸監督がなにをやったかというと、意外にも選手との「交換日記」だった。選手は日々、練習にどう取り組んでいるのか、そのなかでなにを感じているのかを書き記した。監督は選手の思いを読み取った。

「選手はこんな風に感じていたのか」

「監督の指示にはこんな思惑があったのか……」

心の会話とでもいうのだろうか。日記を通して、お互いの考えがわかるようになった。選手と監督の距離が縮まったのだ。

監督の意図がわかると、「なるほど、このための練習なんだな」と、取り組み方が変わってくる。監督として、選手の気持ちがわかると、なぜできないのかがわかる。どこを改善すべきなのか、ポイントを絞れる。勝ちにこだわりすぎて見えていなかったものが、交換日記を始めたことで次第に見えるようになった。創価大学が強豪校の仲間入りをするのは、それから間もなくのことだった。

もしかすると、このできごとのずっとまえから、創価大学野球部には力があったのかもしれない。ただ、チーム全体というところで、いまひとつ殻を破れなかった。

それが、選手ひとりひとりの成長、創立者のいう「人間を作る」ことに注力したことによって、ようやく生まれ変われたということだろうと僕は考えている。

岸監督はそんな経験をしてきた人なので、単純に野球が上手いから獲る、創価大学の野球部に入れるというようなことはしなかった。とにかく創価大学で野球をやりたいという人、野球にひたむきな人、チームのために動けるかどうか、そうしたところを重視していたように思う。

だから岸監督は、多くの人がイメージするような「強豪校の監督」という雰囲気ではなかった。たとえ僕に技術面で足りないところがあっても、そのことで怒られたことは一度もなかった。ただ、個人プレーに走ったり、気が抜けたところを見せたときにはめちゃくちゃ叱られた。そういう、ビシッと筋の通った監督だった。

監督と野球部員との交換日記は、もちろん僕が大学にいたころにもあった。監督とのやりとりを記した大切なノートは、いまもちゃんと取っておいてある。

1年からベンチ入りの快挙と同時に知ったレギュラーの苦悩

大学に入学するまえからチームに合流し、ベンチ入りさせてもらった僕は、結論からいえば、それから4年生の秋の大会まで、ずっとベンチ入りすることになった。

1年目からさっそく、試合の終盤で代走として出してもらうことがあった。

春のリーグ戦、監督も僕が1年生ということもありそこまでプレッシャーがかかる場面ではなかったはずなのに、いざ出してもらうと、なぜか走れない、盗塁できないということがあった。思うように自分の身体が動かせない。監督がくれたチャンスなのに、力を発揮できないまま終わってしまうのだ。そんなことが何度かあった。そんなときはもちろん、ベンチに帰ってからこっぴどく叱られた。

高校時代、ベンチから試合を見ていたときは、「この状況だったら、こういうことができるな……」と自分が出塁したときのイメージをしてみたり、「あの人はなんで、このタイミングで走らなかったんだろう？」と疑問に思ったりすることがあった。

でも、大学に入って1年目から試合に出る立場になって、初めて試合に出る側の難しさと、立場の重みというものを感じた。出ている側には出ている側にしかわからない苦労があることを知った。高校のときも、僕の知らない苦労を、毎日している人たちがいたんだ。代走で試合に出してもらえるようになって、初めてそれを知ることができたのは僕にとって大きな収穫だった。

大学野球の練習に参加するようになって驚いたのが、練習時間の短さだった。

高校のときよりもかなり短くなった。毎日の練習のうち、全体練習は3時間ぐらいしかなかった。創価大学野球部の練習では、量より質が重視されていたのだ。

野球部員の朝は、寮の掃除から始まる。

朝7時、寮全体に音楽が流れて目を覚ます。各自、玄関や廊下、食堂、トイレなど、担当する場所に移動して掃除をする。細かいところまで目を配って綺麗にする精神が、野球の繊細なプレーにもつながる。相手チームのつけ入る隙がなくなっていく。そんなことにもつながった。

野球部員は、寮のなかだけでなく、校内を歩いているときにゴミが落ちているのを見つけたら、必ず拾ってゴミ箱に捨てていた。そうした習慣をつけるように徹底していたのだ。野球部は、学校側から期待のかかった部でもあったので、僕たちもそれに恥じない行動を心がけていた。

朝の掃除が終わったら、食堂で朝食をとって、午前中の授業がある場合はそのまま学校へ行き、授業がない場合は寮や室内練習場で自由に過ごした。

平日の練習は、午前、午後、午前と毎日交互に行われた。たとえば月曜日が午前の練習だったら、火曜日は午後で、水曜日はまた午前の練習。次の週にはこれが逆になって、月曜日が午後練習、火曜日が午前という風になる。少なくとも2週間に一度はちゃんと授業に出られるようにと配慮されていた。

午前中に練習がある日は、9時ぐらいまでにはグラウンドに出て、練習を始めた。それでも12時までには切り上げていた。午後に練習する日も14時ぐらいには集合して、全体練習を3時間程度やって、17時ごろにはいったん終わる。

全体練習のあとは、そのままグラウンドに残って自主練する者もいれば、室内練習場に移動する者もいた。週に何度かはトレーナーさんが来てくれたので、身体のケアについて相談したり、マッサージしてもらったりすることもあった。

寮に戻ったら、風呂に入って、夕食をとった。22時になったら、携帯電話を預けて、就寝――これが創価大学野球部の一日のおおまかなスケジュールだった。


全体練習の時間が短い分、自主練や筋トレに励む人は多かったが、その全体練習自体、とにかく内容が濃かった。時間は短いんだけど、集中力を最大限まであげて取り組んでいた。ウォームアップして、キャッチボールして、ノックを受けて、バッティングして……と、メニューはいたってシンプルだ。

ただ、気合の入りようが高校のときとは違っていた。

キャッチボールでも「ただ捕る」ということはしない。必ず実戦を頭に置いて、あらゆる状況を想定しながら1球1球を捕って、投げた。バッティングでは「1本打ち」というメニューがあった。投げてもらったボールを漫然と打つのではなく、何球か球筋を見てから、一発勝負で仕留めるという実践的な練習方法だ。

みんな試合とまったく同じ気持ちでやっているから、練習とはいえ、ミスしたり上手くできなかったりすると、仲間やコーチ、監督から容赦なく檄が飛んだ。

「なにやってるんだ！」

合言葉は、「練習は実戦、実戦は練習」だ。「練習では実戦のように緊張感を持って、実際の試合では練習だと思って思い切ってやりなさい」という意味だった。

こんな濃密な練習に、僕は1年生のときから参加させてもらえて幸せだったといまでも思う。練習を通して、僕は試合のとき「いま自分はなにをすべきか」ということを、それまで以上に考えながら守備をしたり打席に立ったりするようになった。

逆に、まぐれで意図しないヒットが出ることがあったとしても、喜べなくなった。自分の考えたことを、考えたように実行できて初めて、上達したと言えるのだと考えるようになっていた。

少しは落ち着きが出てきたとはいえ、長年おっちょこちょいだった僕にとって、大学での練習に最初は苦労した。集中力が持続しないのだ。それでも時間をかけて、少しずつ慣れていった。まさに僕という「人間」が成長していったのだろう。

サボろうと思えば果てしなくサボれるし、練習しようと思えばいくらでも練習できる。

そんな環境に置かれたなかで、自分に厳しくなる。そう、己を律する精神というものを培っていった。

創価大学野球部の目標は「全国制覇」で、目的は「人材を育てる」。

だから、野球が上手ければ、それでいいというわけではなかったし、野球を通して人として成長できなければ、どんなによい成績を残せたとしても意味がなかった。

「相手にスキを突かせない」技術が求められた大学野球

高校時代の野球、帝京高校の野球は「剛」というイメージだ。

選手はとにかく力をつける。金属バットで豪快に飛ばす。パワーをぶつける野球だ。盗塁とかバント、エンドランといった技も光っていたけれど、それらは選手たちが持っているいわば「自力」を生かしたものだったように思う。

ところが大学野球では、そつのない野球、スキのない野球が重んじられた。

プレーのひとつひとつを的確、確実にするのは当然のこと。逆に相手のスキを突いて、勝負を決めるのだ。たとえば相手のピッチャーが左腕だったら、一塁ランナーが視界に入る。ランナーは盗塁のスタートを切る仕草を何度か見せて、敵の集中力を散漫にさせるなんてこともした。ピッチャーが繊細なコントロールをできなくなって、配球がストレート中心になったとき、バッターがそれを仕留めるというわけだ。

代走で出してもらったときも、テクニックを駆使した。

足が速いことと、盗塁が上手いこととはイコールではない。盗塁にはスタートのピストル音があるわけでもなければ、誰かが合図してくれるわけでもない。状況を見極めて行動に移す、正確な判断力が問われた。逆にいうと、そこに自信がなければ、僕自身が何度か失敗したように、身体を動かせないまま攻撃が終わってしまう。

大学野球で僕は、ピッチャーの動きやクセを盗むことを学んだ。たとえば、「この選手はバッターに投げるとき両肩から動く」とか「このピッチャーの場合、ひと息ついたら走り出していい」といった情報を集めておいて、試合に生かすのだ。

創価大学野球部は、僕を見初めてくれた堀内コーチを始め、コーチ陣がとても優秀で、相手チームの研究に長《た》けていた。コーチ陣からは本当にたくさんのことを教わった。

ピッチャーの動きから、盗塁をするきっかけを探る。ただし、相手ももちろんこちらを研究している。とくに僕のように足が速い選手には、警戒がひときわ強くなった。けん制球を何度も投げられ、動きを封じてくる。その状況で盗塁を試みるのは、本当に難しかった。観ている人たちからはわからないところで、複雑な心理の読み合いをしていたのだ。

走るフリをする「疑似スタート」で様子を見たり、逆にリードを小さくして「ここで走るわけないでしょ?」みたいに偽装しておいて、相手にスキが生まれた瞬間に走るディレードスチールをやってみたり。「疲れ切っていてもう走れない……」って素振りをしたこともあった。バカげているように思うかもしれないけど、こうした細やかな技術が、チームの勝利へとつながるものなんだ。


マニアックな話が続いてしまうけれど、スライディングひとつにもテクニックがあった。ふつうにスライディングをすると、身体は地面との摩擦をまともに受けてしまう。つまり、すべり込むスピードが落ちてしまう。だから、スライディングのときは身体をひねって、ツイストするように塁に入る練習をした。ツイストすれば、身体と地面の摩擦する部分が減って、スピードを殺すことなく塁までたどり着けるというわけだ。

また盗塁するときには、二塁のベースカバーに入った相手の選手が、どんな足の置き方でベースをまたぐかも瞬時に判断した。その足の位置と、ボールを捕るグローブの位置を見て、スライディングで入る方向や角度を調整した。

ベースに触れる場所も、ギリギリまで頭のなかで検討した。相手選手が僕にタッチしようと腕を動かす。その距離を少しでも長くすれば、タッチまでにかかる時間がコンマ何秒か遅れる。つまりは盗塁の成功率が上がるというわけだ。たった数秒のできごとだけど、そのあいだにも頭を働かせる。そんな「小技」を日々学んで、身につけた。


こちらが守備についたときは、スキを見せないように徹底した。

大学野球はスピードでもパワーでも、高校野球よりもはるかにレベルが高かった。だけどそれ以上に、どのチームもスキがなかった。大学野球までくると、どの選手も基礎がしっかりしているので、ミスが少ない。おっちょこちょい歴が長かった僕は、大学に入ってから自分の野球の粗さを痛感することになった。ボールを捕るときの足の運び、ボールをつかむ瞬間の動作。そんなちょっとしたところで、他の選手と大きな差が出た。

大学野球では、それまで見えていなかった野球の奥深さを知ることになった。

僕個人はといえば、高校に引き続き大学でも身体を大きくすることに力を注いでいた。

ただ、トレーニングを積んでも、思っていたほど大きくならなかった。これは持って生まれたものもあるだろう。

仕方がないなと、自慢の足にさらに磨きをかけることも考え始めた。高校時代は、50mを6秒フラットくらいで走った。かなり速いほうだとは思うが、大学に入ったら、さらに速い人がいて驚いた。「速っ！」と思わず声をあげてしまったくらいだ。

（このままじゃ、大学でも試合に出られなくなる……）

またも危機感を抱いて、脚力の強化に努めた。

坂道の上り下りをひたすら繰り返したり、瞬発力を鍛えるトレーニングメニューにしてみたり。ウェイトトレーニングもかなりやった。僕はレギュラーに追いつき、その座を奪おうとする側であると同時に、他のメンバーに追いつかれまいとする位置にもいた。気を抜くことはできなかった。

千載一遇の機会に自分をアピールし、ついにレギュラーに

1年生からベンチ入りした僕は、レギュラーのメンバーと同じようにノックを受けたり

バッティング練習をさせてもらった。ということは、先輩たちのなかには僕がベンチ入りしたためにメンバーから外された人もいるということを意味していた。そのことは常に頭のなかにあったから、ふだんから「練習は試合」を心がけた。すると、少しずつ力がついていった。身長はなかなか伸びなかったけれど、技術は伸びていった。

2年生の春、セカンドのレギュラーには4年生の先輩がいた。チームが秋のリーグ戦に向けた強化練習に入る直前のこと。その先輩は自主練をやっていて、ケガをした。試合に出ることはしばらく難しいという話を聞いた。

実をいうと、僕もそれより少しまえにつき指をし、人差し指を亀裂骨折していた。それでもテーピングをして、練習に参加し続けていた。ケガをしたら休むことが大事だけれど、当時は練習を休んだら、すぐ別のメンバーにベンチ入りの座を奪われる可能性があった。だから不安をかき消す意味でも、なかば強引に僕は練習に出ていた。

レギュラーの座を争う先輩がケガをしたとき、僕の人差し指はようやく治りつつあった。

（自分をアピールするなら、いましかない！）

いまこそ勝負するときだと考えた。先輩には申しわけないけれど、僕だってプロ野球選手になるという夢をかなえるため、一歩でも、いや、半歩でも前に進みたかった。

その夜、僕はひとり、寮のなかにある監督の部屋を訪ねた。

緊張しながら、扉をノックする。

「失礼します！」

挨拶と同時に扉を開けて、監督と向き合った。監督も僕が指をケガしていることは知っていた。だから僕は、その手を監督に見せて言った。

「治りました！」

それだけを告げると、僕は監督の部屋を辞した。そのひとことだけを伝えた。

翌日、スタメンのリストに僕の名前があった。

9番、セカンド。

これが大学で初めてスタメンとして試合に出場したときのポジションだった。

オープン戦の試合だったけれど、僕はその試合で3安打する、いわゆる「猛打賞」を記録。すぐに結果を出したのだ。しかもそれは、ただヒットを3回打っただけでなく、自慢の脚力を発揮したセーフティバントを含めてのものだった。

守備のときも、それまで地道に積み上げてきた、きめ細やかな動きを心がけた。ただ目立ちたがりなだけだった僕にも、ようやくやるべきことがわかるようになっていた。

すると、さらにその翌日からも9番セカンドでの出番が続いた。チャンスがまわってきたその日その瞬間にパフォーマンスを発揮したことで、僕を高く評価してもらえたのだ。

もし、初めてスタメンで試合に出た日にこれといった成果を出せていなければ、その時点でレギュラーの座をつかむ道は閉ざされていただろう。「いつか来る日のために」という思いで、いつでもいけるように準備を重ねておいたおかげだろう。

このできごとは、いまでも僕にとってのターニングポイントだったと思う。

先輩がケガをしていなかったら、僕のケガが治っていなかったら、そして初めての試合で打てなかったら……高校時代と同じように、ベンチ入りはするものの、レギュラーになれないまま4年間が過ぎていたかもしれない。

やがて僕はレギュラーに定着し、そのチーム体制のままリーグ戦を戦うことになった。先輩は、ケガが治ってからはDH（指名打者）にまわった。

予想すらしていなかったキャプテン就任

大学3年生になった冬、僕は大学野球の強豪・創価大学野球部のキャプテンになった。

創価大学野球部では、毎年、年末に新チームの体制が発表されることになっていた。その日は、新2年生から新4年生まで野球部の全員がミーティングルームに集合する。

「来年の体制を発表する」

岸監督が、読み上げていく。

「キャプテン、徳田」

いきなり、僕の名前が呼ばれた。

「えっ？　……あ、は、はい！」

僕はすぐに返事できなかった。まったく予想していなかったんだ。キャプテンになることは、事前に監督やコーチから聞かされていなかったし、僕自身は、僕と同じく1年生からベンチ入りしていた我那覇がキャプテンになるんだろうなと思っていたからだ。

我那覇は、同級生のなかで一番しっかりしていたし、創価大学の野球を体現できるのは、彼をおいて他にいないと思っていた。

「徳田、キャプテンはお前だ」

あらためてそう言われて、初めて、「よろしくお願いします！」と、メンバーに向かって挨拶できたくらいだ。本当にびっくりした。

なにしろ僕は、小学校のときから大学3年生まで、みんなをまとめたり、チームを率いたりするリーダーの立場になったことが一度もなかった。どちらかというと、ずっと自由に、言い換えれば無責任にやってきたタイプで、それが良くも悪くもチームのなかで機能していると考えていた。

(キャプテンなんて僕に務まるのだろうか……?)

そんな不安が湧き起こることすらなかった。とにかく、なにをすればよいのかもわからないのだから。

あとで聞いた話では、**僕がキャプテンに選ばれたのには、チームを抜ける4年生の推薦があったという**。4年生の先輩たちが「徳田を」と監督に推してくれたことが、決め手になったようだ。

1年生、2年生のなかでは、やはり寮長でもあり、信頼の厚い我那覇を推す声が多かったようだ。また、とにかく明るい性格で、下級生との距離感が近い吉崎伸雄《よしざきのぶお》を推す者も多かったと聞いた。

ただ先輩たちは、我那覇にはマジメすぎるところがあって、キャプテンには不向きなのではと考えた。一方で吉崎は、どんなときも面白おかしくふざけるのが好きなので、部員を甘やかす可能性があると思われた。

「徳田は早くから試合に出ていたし、適任なのでは？」

これが、４年生が僕を推薦する理由だった。そんな風に僕を見てくれていたのだとしたら、本当に光栄なことだ。

指名されたからには、やり通さなければならない。

(これからは僕が我那覇や吉崎と一緒にチームを引っ張っていくんだ)

気を引き締めて、引き受けた。


だけど、やっぱり最初のうちは戸惑うことも多かった。

「……キャプテンって、なんだろう？」

キャプテンはそんな根源的な問いに、自分なりの答えを出さなければならない。暗中模索というのか、いろんなことを試しながら、手ごたえをつかんでいった。

練習中、コーチから選手を集めるように言われたとき、号令をかけるのもキャプテンの仕事のひとつだ。

「集合！」

初めての号令の声を出したときは加減がわからず、気づかない選手もいた。

「おい。なんだよ、それは」

コーチに叱られてしまった。今度は胸に大きく息を吸ってやり直した。

「集合ーっ！」

これでようやく、みんな集まってくれた。そうか、これくらいのテンションで言わなきゃいけないんだ。そんなことから、学んでいった。

僕のひとつ上の学年、つまり抜けていった4年生にはすごい選手がいっぱいいた。この代は「創価大学野球部史上、最強の世代」とも言われていた。大学を卒業後、プロ野球に入った人が、レギュラーのなかに3人もいたくらいだ。

僕はその「最強の世代」に、2番セカンドとして、メンバーの一員としてちゃっかり加えてもらっていたわけなんだけれども。

ただ、その反動なのか、「4年生が抜けたら、創価大学はきっと弱くなるだろう」という声があった。

「リーグ戦で3位になることすら難しいんじゃないか」

そんな予想をする人までいた。そりゃそうだ。レギュラーがごっそり抜けて、試合経験者はわずかなのだから。ちなみに同じ学年で試合に出ていたのは僕と吉崎ふたりだけだった。「僕たちが先輩ほど強くなれないなら、後輩の力を借りよう」。簡単に意識のシフトチェンジができた。

僕はキャプテンとして、どうやれば新2年生、新3年生が伸び伸びと野球できるかを考えた。新4年生の僕たちは、チームとして勝ち進むため、プライドを捨てて下級生に協力してもらうことにした。帝京高校時代、「下級生たちを勝たせよう！」という意識で動いたのに似ているかもしれない。

もちろん、僕らの代になったからには、「同じ学年の仲間を試合に出してやりたい」、「花を持たせてやりたい」という思いはあった。けれど、ぐっとこらえた。彼らに話をして、わかってもらった。

その結果、次の春がきて僕たちが4年生になったとき、レギュラーは3年生が中心になっていた。エースピッチャーは2年生で、2番手のピッチャーは1年生だ。4年生のレギュラーは、僕を含めて3人だけになっていた。

「日本一になる」という目標と、「人として成長する」という目的があったから僕自身こうした柔軟な発想ができたし、みんなもこの方針に従ってくれた。

考え方ひとつで、物ごとは大きく変化する。これも野球を通して学んだことのひとつで、ユーチューバーになったいまも日々、実感している。

「お前はもう、キャプテンではない」

キャプテンに就任したその年、周囲の不安を払拭《ふっしょく》する躍進をチームは遂げる。

春にリーグ優勝、大学選手権では法政大学を破るなど全国ベスト4という成績を残し、次に控える秋のリーグ戦に向けて期待がかけられていたころ。夏のオープン戦で、僕はまたやらかしてしまった。

1点リードで迎えた9回裏。相手チームは2アウト、ランナー2塁。ここを守りきれば創価大学の勝利という局面だった。

この大事な場面で、センター前に抜けそうな打球がセカンド方面に飛んできた。その瞬間、僕のなかで「カッコよく決めてやろう」という意識が生まれた。これが大失敗だった。

スライディングキャッチで捕ろうとしたところ、間に合わなかったのだ。ボールは僕のグラブをかすめて、後ろにいった。てんてんと転がっていくボール……。グラブに当たったせいで、打球はすでに死んでいたから、外野手が追いつくまでにも時間がかかった。

そのあいだに2塁ランナーがホームイン。あとはなんとか抑えたけれど、オープン戦では延長がないから、引き分けのまま試合終了となった。

僕がよけいなことをしなければ、まちがいなく勝てた試合だった。

ベンチに戻ったら監督が僕をにらみつけた。

「わかってるな」

言われなくてもわかっていた。

「はい！」

そう答えて一歩踏み出すと、バコォォォン！とぶっ飛ばされた。中学生のときカッコつけてホームランを打ったあと、監督にぶん殴られたのを思い出した。調子に乗ると、僕はいつも失敗した。しかも今回は、チームのみんなに迷惑をかけてしまったのだ。


次の試合から、僕はレギュラーを外された。

たったひとつのミスだった。だけど、全力かつ慎重にプレーしなかったことの代償は、あまりにも大きかった。

岸監督は、ミーティングの場で言い放った。

「お前はもう、キャプテンではない。それどころかチームにとって、何者でもない」

当然、下級生たちもみんな聞いていた。とてつもなく厳しい言葉だった。

「これで僕の野球人生は終わったな……」

そう思った。高校時代、監督に「もう3年生はいらない」と言われる事件があったが、今度は僕個人に対して「いらない」と宣告されたのだった。

「オープン戦だから」という油断もあったのだろう。チームのことを考えず余計なことをしてしまった僕への、当然といえば当然の処分だった。

ただこのときは、不思議といびつな感情は湧かなかった。監督に叱られたことで、あらためて自分自身を、自分の立場を見直すときだった。

僕の代わりにセカンドで出場するようになったのは、履正社高校から入ってきた1年生の住川勇貴《すみかわゆうき》だった。偶然にも彼は、僕の「部屋っ子」でもあった。

だから四六時中、顔を突き合わせるわけだけれども、彼を妬むようなこともなかった。

僕は猛省しながらも、住川には試合に出るときのアドバイスをしたり、メンタルケアをしてあげられたんじゃないかと思う。

キャプテンなのに試合に出してもらえないという状況のまま、オープン戦は続いた。その終盤、亜細亜《あじあ》大学との2連戦があった。ここで僕は、ようやくスタメンに戻してもらえた。試合に出ることを許されたのだ。

監督に「徳田をスタメンに」と言ってくれたのは、堀内コーチだった。

「相手チームからすると、リストに俊足の『徳田』という名前がないだけで、創価大学を脅威に感じなくなってしまいます。だからもう一度、チャンスをやってください」

そんな風に訴えてくれたのだった。

ただ、この試合で、僕は監督やコーチが期待するほどのパフォーマンスを発揮できなかった。よけいなことはしまいと、萎縮してしまったのかもしれない。

試合終了後、今度は僕を推したコーチが、監督に叱責された。僕の目の前で。その光景を見て、僕は自分を信頼してくれたコーチを裏切るようなことは2度としないと誓った。それは、次の試合からの働きで証明するしかなかった。

大学時代、僕は1年生でベンチ入り、2年生からはレギュラーになった。4年生からはキャプテンだ。輝かしい経歴のように見えるかもしれないけど、ずっと順風満帆だったたかといえば、決してそうではなかった。こんな風に自分ひとりで勝手に突っ走って、思いっきり足をすくわれるような事件があったのだから。

思えば、僕はいつも周りに支えられてきた。こんな僕をみんなが信じてくれた。

だから僕も、もうこのころには、プロ野球選手になる夢はいったん横に置くことにした。

まずはチームのために。「フォア・ザ・チーム」の精神に振り切ることに決めた。そこからが本当のスタートだった。

チームメイトが、お互いに向き合うのではなく、目標に向かう組織づくりを意識した。

お互いがお互いに向き合うと、「自分は試合に出られた」「出られなかった」とか「今日は打てた」「打てなかった」といったベクトルに思考がいきがちになる。

けれど、全員が前を向き横一列となって走り出せば、おのずとそれぞれに役割が備わっていく。先陣を切る者、それをサポートする者、さらには土台を固める者。自分がなにをやるべきかがわかっていく。スポーツを別のスポーツでたとえるのは変かもしれないけれど、それはまるで、ラグビーのスクラムのようなチームになる。

試合では、「つなぎ役」に徹することもおぼえた。2アウト、ランナー2塁という場面なら、なんとかヒットを打って、ランナーを帰したくなるだろう。だけど、そこで3塁前にセーフティバントをする。3塁前のバントなんて相手は予想していないから、意表を突かれてしまい、たいてい1塁セーフになる。1塁、3塁という相手にとってイヤな状況を作ったら、次の強打者に託す。そうした働きができるようになった。

キャプテンになってから数か月。チームのこと、チームメイトのことを考えるようになった僕は、やがてある結論に達した。

それは**「キャプテンは『なにかしよう』と思う必要はない」**ということだった。

これは僕なりの持論だから、どのチームにも共通していえることではないかもしれない。だけど僕は、創価大学野球部というチーム全体を見渡したとき、「なにかやろうと思わないこと」こそが、キャプテンの務めだと思い至ったんだ。

なにもしなくていい。ただ、誰よりも目配り気配りを欠かさないこと。それを心がけた。チームメンバーに問題があったら、いの一番に駆けつける。苦しんでる仲間がいたら、いの一番にサポートしてあげる。試合はもちろんのこと、練習でも率先して声を出す。感情をむき出しにしてガッツを示す。

そうすれば、自ずとみんながついてきてくれた。

スクラムを組んで、同志とともに突き進む。これが大学時代の野球だった。

盗塁王、首位打者……個人の記録は仲間とともに獲った

「周りに支えられた」と書いたように、みんなが僕に協力してくれたおかげで、チームのまとまりは日々、よくなった。

僕がキャプテンになってからの新チームで、2006年全日本大学選手権の全国ベスト4まで勝ち進めたことは、いまでも誇りだ。「僕らの代になったら弱くなるだろう」、そんな前評判をひっくり返せたのだから。

正直にいえば、3年生までの下級生が活躍してくれたおかげで勝てた試合が多かった。けれど、その下級生のポテンシャルを最大限に発揮するための環境づくりを、僕たちができていたのならやっぱりそれは誇れることだろう。

僕はキャプテンとして、下級生で試合に出ているメンバーには、あえて厳しく接したこともあった。

「君たちが試合に出られるということは、その陰にはベンチ入りメンバーからはずれた人

たちがいる。彼らがなにをしているかというと、君たちが満足のいく練習ができるよう、毎日サポートしているんだ」

そう言って聞かせた。

練習には本気で取り組んでもらいたい。だけど、練習が始まるまえにグラウンドが整備されていて、道具が準備されていることを当然のことと思わないでほしい。レギュラーはボール拾いをしなくていいなんて思ったり、仲間が「練習を手伝うよ」と言ってくれることを当たり前のことと思わないでほしい。そんな思いがあった。

「自分本位になってはいけない」

繰り返して注意した。高校時代はずっとベンチで、試合に出られなかった僕が言うのだから、説得力があったはずだ。

その一方で、試合に出られないメンバーには、「やっぱり試合に出るというのは、大変なんだよ」と伝えることも忘れなかった。

「レギュラーのメンバーもいろんなものを背負っているし、ストレスを抱えてもいる。『打てなかったらどうしよう』という不安とも日々、戦っている。だから、気持ちの面でも彼らをサポートしてやってほしい」

下級生がレギュラーに選ばれると、ベンチ入りできない上級生とのあいだに軋轢が生じやすい。嫉妬ややっかみで、関係がギスギスすることもある。それを放っておいては、チームが勝ち進むことなどできるはずもなかった。みんなが、僕の言葉に耳を傾けてくれたからこそ実現した、全国ベスト4だったんだ。

「徳田がキャプテンだったとき、とてもやりやすかったよ」

あの時代をともに過ごしたメンバーが、そう思っていてくれたらうれしい。

僕個人としては、大学に入ってからいくつかタイトルを獲ることができた。

2年生の春から3年連続でリーグの「盗塁王」になっている。大学時代だけで50以上盗塁しているはずだ。これは2盗（2塁への盗塁）だけでなく、3盗（3塁への盗塁）にも果敢に挑んだ結果だろう。

3盗には2盗するときとはまた異なるテクニックが必要となる。3盗では絶対にミスが許されない。刺されてしまっては、それまでの苦労が水の泡となるからだ。ランナーにはさらに確実な判断力が求められた。

攻撃側にまわったとき、僕はベンチから相手チームの動きを観察し、ピッチャーがどのタイミングで投球するかを調べた。また、外野手の守備位置もチェックした。すると、いつ刺しに来るのか、ある程度予想できるようになる。1年生のときから堀内コーチに細かな技術を仕込まれたおかげだった。

そうなると、自分が出塁したときに、落ち着いて対処できる。

「この動きのときはバッターに投げる。じゃあ、ゴーだ！」

という感じで走り出す。このタイミングさえ見誤らなければ、盗塁は成功した。細かな判断の積み重ねが、僕を「盗塁王」にした。

4年生のときには、首位打者にもなっている。ただ、これについては「結果的にそうなった」というのが正しいだろう。というのも、春のリーグ戦で、僕は試合にフル出場しておきながら、ほとんど打てなかったからだ。きっと、キャプテンとして初めて迎えたリーグ戦で、意気込んでいたのだろう。リーグ戦の結果だけを見れば、打率は2割を切っていたかもしれない。バントやフォアボールで出塁したり、盗塁したりとチームに貢献した面もあったけれど、創価大学が全日本大学選手権に出場できたのは、後輩たちが主力として活躍してくれたおかげだった。

全日本に行けたことで肩の力が抜けたのか、そこからは僕もようやく思うようなパフォーマンスを発揮できるようになった。ベスト4まで勝ち進むまでのあいだに、セーフティバントでギリギリセーフになったり、ショートゴロでも足を生かして内野安打にしたり、センター前に飛んだ場合もこれまた足を生かしてツーベースヒットにしたり。秋のリーグ戦でも脚力を使って出塁した。これが結果として首位打者という記録につながった。

みんなが「チームのために」と戦った。それがたまたま、僕の記録に結びついたのだ。決して最初から「獲りたい」「獲ろう！」と狙ったものではなかった。いうなれば、チーム全員で獲ったタイトルというべきものだろう。

「プロ野球のスカウトが僕に注目してるって、ほんと？」

「プロ野球のスカウトが、キャプテンを見にきたらしい」

そんな噂を耳にしたのは、大学4年生の夏ごろだったろうか。

キャプテンっていうのは、もちろん僕だ。プロ球団の関係者が僕のプレーに注目している⁉　ずっと、ずっとプロ野球選手に憧れてきた僕にとっては、夢のような話だった。だからというべきか、すぐに信じることができなかった。

創価大学野球部には、ひとつ下の学年にキャッチャーの小早川伸仁《こばやかわしんじ》や、田中隆彦《たなかたかひこ》がいた。ふたりとも早くから注目されていたすごい選手だ。だから僕は、スカウトや球団関係者が来たという話が本当だとしても、彼らを見にきたんだろうと思った。事実、のちに小早川はJR東海に、田中は王子製紙に入って、それぞれ活躍した。

僕自身といえば、大学3年生の秋ぐらいから、プロ野球への夢を断ち切れない一方で、社会人野球に進むことも視野に入れていた。というのも、大学野球で全国大会への出場を経験するなかで相手チームや味方チームの選手を見て、「プロ野球に行く選手っていうのは、こういうピッチャーとかバッターなんだな……」と痛感することがあったからだ。試合を通じてそうした選手のプレーを目の当たりにすると、自分の実力が劣っているとまではいわないけれど、現実を突きつけられているようでハッと我にかえった。

「僕は、プロ野球選手になれるのだろうか？」

そんな、不安を抱くことさえあった。

不思議なものだ。高校時代は、ベンチから全国レベルの野球を見て自分の野球に自信を持ったのに、大学ではレギュラーとして全国レベルの試合を戦うなかで、プロのすごさを、その片鱗《へんりん》を感じとることになったのだから。

プロ野球という夢に近い場所に行けばいくほど、夢は遠ざかっていくように思った。だから、大学を卒業しても野球を続けることを考えた場合、「社会人野球という道もあるな」と考えるようになっていた。創価大学野球部の先輩のなかには、もちろん社会人野球に進んだ人もいた。彼らが東京ドームで開催される、都市対抗野球大会で活躍する姿を見ていたというのもあっただろう。僕にとっては社会人野球に進むことが、夢につながる現実的な選択肢であるように思えた。

僕は監督との交換ノートに、そうした自分の考えを記すようになっていた。

創価大学野球部では、監督との交換日記や面談で進路の相談もしていた。その結果を受けて、監督やコーチが候補先の情報を集めてくれたり、野球チームを持つ企業に働きかけたりしてくれるのだ。なんともありがたい仕組みだ。

僕は4年生になるころには、社会人野球入りした自分を想像するようになっていた。だから、**「どうやらスカウトがお前のことを見に来たらしい」**と聞かされたとき、「えっ、ほんと？」という感じだった。

本来ならば、ドラフト会議よりまえに、指名する可能性のある選手と接触することはできない。だが、当時はそうしたルールが曖昧《あいまい》になっていたのだろう。グラウンドで、球団関係者と挨拶した記憶がある。

「キャプテンの徳田です」

帽子を取って名乗ると、その人はぼそっとつぶやくように言った。

「リストに名前が挙がっているからね」

「は、はあ……」

そんな感じだった。

「秋のリーグ戦、がんばってよ」

やりとりはそれだけだった。話をまとめると、「ドラフト会議の指名候補者リストに、徳田正憲の名前が挙がっている。指名を確実なものにするためにも、さらなる結果を残してほしい。だから『秋のリーグ戦、がんばってよ』という意味だと僕なりに理解した。

そんなやりとりがあっても、僕はまだ半信半疑だった。だから、こっそりネットで検索してみた。誰が作ったものかわからないけれど、「2006年ドラフト会議注目学生リスト」みたいなものが、アップされていた。

「?」

そこには、野手の候補者だけで20人ほどの名前が挙がっていた。そのなかには確かに「徳田正憲」という名前があった。

「載ってる！」

ネットの「注目学生リスト」だから球団の関係者が書いたものではなかったけれど、僕に関するリアルな情報が満載だった。

「守備はピカイチ。送球の正確性は抜群！」

「器用だが、プロ入りするにはまだまだ力が足りない印象」

「脚力もあり、送りバントでもセーフになる可能性も」

どれも、僕のプレーをよく見ていないと書けないことばかりだった。

その日その瞬間まで、自分がプロ野球関係者に見られているという意識がなかったから、本当にびっくりした。

「僕、めちゃくちゃ見られてるじゃん！」

思わず声に出して言ってしまった。

こちらが思っていた以上に、プロ野球選手という夢が現実のものとなりつつあるのだと気づいた。それはもう、手を伸ばせば届くほどの距離にあった。

記憶が正しければ、僕に「注目している」と言ってくれたのは、東北楽天ゴールデンイーグルスと東京ヤクルトスワローズだった。楽天は球団ができてからまだ数年しか経っていなかった。いま思えば、若い選手をたくさん取り込みたい時期だったのだろう。

（球団の人が言っていたように、秋のリーグ戦で結果を残さなきゃな……）

そう思った。ただ、僕はキャプテンだった。チームに余計な影響を与えたくはなかった。もう僕だけが「空回り」するのはごめんだったんだ。だからこのことをチームメイトには話さなかったし、両親にすら話した記憶がない。どこかでまだ、信じられない思いがあったのかもしれない。

意外にもあっけなかったドラフト会議当日

秋のリーグ戦が始まったころ、岸監督とあらためて面談をした。

「プロ野球と社会人野球、どっちの道に進みたいんだ」

ドラフト会議で指名されるかどうかは、まだはっきりしていなかった。

一方で、監督の話によれば、ある社会人野球チームにドラフトで指名される可能性の高い選手がいた。その人がプロ野球入りしたら、チームの枠がひとつ空く。そこに僕が入れるかもしれない、という話が企業側からあったようだ。

ただ、もしその選手がドラフトで指名されなかったら、僕の入れる場所はなくなってしまう。だったらと、僕は考えた。僕自身がドラフト会議で指名されるほうに賭けてみるのはどうだろう？　と。他の誰かの進路によって自分の人生が変わるよりも、自分の能力や技術がどこまでのものなのか、試してみたいと思ったのだ。

大学4年生の夏から秋にかけてのこの時期は、ただでさえキャプテンとしての務めやリーグ戦をどう戦うかで頭がいっぱいで、考えることが多かったせいだろう。僕の人生における大きなできごとのひとつだったはずなのに、記憶が曖昧《あいまい》になっている。

いずれにせよ、「プロに注目されている」ということが判明してからも、浮かれてはいられなかった。ただ、目の前のことに集中していたんだ。

実際、僕自身、不思議とふだんと変わらない気持ちで「その日」を迎えた。

僕としては、もちろん「指名されたらうれしい」という思いはあった。いわばこの日のために、苦しいときもつらいときも野球を続けてきた面があったのだから。

その一方で、過剰に期待することもなかった。自分の能力を冷静に分析していたのかもしれない。いつもどおりの練習メニューをこなすだけだった。だから結果を知ったのは、ドラフト会議が終わってから、少し時間があいてからだったと思う。

僕は、どの球団にも指名されることはなかった。

あとから振り返ってみれば、この2006年のドラフト会議では、僕に「注目している」と言ってくれた楽天もヤクルトも、バッテリーを中心に指名していた。

ヤクルトは、帝京高校ではチームメイトだった青山学院大学の高市をはじめ、ピッチャーかキャッチャーばかりで、野手で指名されたのはひとりだけだった。

楽天も、高校生ではマー君こと田中将大《たなかまさひろ》、大学生からは東洋大学のピッチャー・永井怜《ながいれい》や、國學院《こくがくいん》大學のキャッチャー・嶋基宏《しまもとひろ》といった選手たちを指名していた。

プロ野球の球団は、毎年どのポジションを強化すべきか検討し、スカウトから上がってくる評価や分析と合わせて、方針を固めるらしい。「今回はバッテリーを中心に指名しよう」とか「今年は野手を補強しなきゃな」といったイメージだ。

僕は、この年のドラフト会議で指名されたメンバーを見たとき、「もしかすると僕が指名される余地なんて、最初からなかったのかもな」と思った。がっかりはしたけれど、仕方ないなとあきらめのつく面もあった。

いまでは、あのとき、せめて育成選手枠で獲ってくれていたら……と思うこともある。

ただ育成枠制度は2005年にできたばかり。当時の僕は、そんな枠があることすら、知らなかったんだ。

僕の野球人生において、もっとも輝かしい日になるかもしれなかったドラフト会議当日は、こうして実にあっさりと過ぎていった。

そして、ふと我に返ったとき、「就職かぁ……」という言葉が思わず出た。僕は野球のない将来というものに、まったく実感が持てなかった。

僕は自分の将来に向き合おうとしなかった

実をいうと、僕はこのときまでに一般企業1社から、内定をもらっていた。

というのも、ドラフト会議は、毎年10月に行われる。

ふつうの大学4年生だったら、早ければ春ぐらいには、遅くともこの時期までには就職先が決まっていて、卒業論文に精を出しているころだろう。

僕には、「ドラフト会議で指名されなかったらどうしよう」という不安があった。すでに綴ったとおり、社会人野球に進みたい気持ちもあったのだが、ほかの候補選手のドラフト漏れ次第という不確定要素があった。

だから事前に、その後のことを岸監督やコーチに相談していた。監督・コーチは僕のために手を尽くしてくれた。創価大学や帝京高校の野球部ＯＢが就職した会社に連絡して、一般就職として僕を採用してくれるところはないか、あちこちにあたってくれたのだ。

そのなかに、僕の大先輩にあたる人が何人か勤めている会社があった。ここが僕を拾ってくれるかもしれないとわかった。僕はすぐ面接を受けにいった。

創価大学の野球部にいるなら、身の回りのこともきっちりできるだろうし、最低限の礼儀やマナーは身についていると判断してもらえたのだろう。先輩方の後押しがあって、この年の夏、大手警備会社から内定をもらったのだった。

その時点で、「ドラフトがダメでも僕には受け入れてくれる場所がある」という甘えが芽生えていた。ほかの選択肢について、しっかり向き合って考えることを放棄していたのだ。だから僕は秋のリーグ戦の季節になっても野球に打ち込み続けた。現実から目をそむけたかったのかもしれない。

明治神宮野球大会への出場権を賭けた関東大会では、筑波《つくば》大学と対戦した。筑波大学硬式野球部には、なんと、帝京高校で僕らの代のキャプテンを務めた奈良がいた。創価大学のキャプテンになった僕が、今度は奈良にその実力を見せつけるときだった。

しかし筑波大学は創価大学の野球を研究し尽くしていた。序盤こそリードしたものの、やがて勝ち越され、2対3で敗れた。これが僕の大学での公式戦、最後の試合になった。

「持てる力のすべてを出し切った」

心からそう思える、いい試合だった。悔いはなかった。

大学時代の野球を、納得できるまでやれた僕は本当に恵まれていたんだと思う。ただ、ひとつ問題があったとすれば、その後の人生をまともに考えていなかったことだ。

春からは会社員として働くことが決まった。

それは、小学4年生のときソフトボールに出会ってから、10年以上続けてきた野球に、いったん別れを告げるということも意味していた。

本音をいえば、社会人になってからも野球をやりたかったけれど、あらゆる物事はすでに動きだしているように感じた。

野球との別れは、実にあっけないものだった。

だけどその数年後、僕は気づくことになる。**僕から野球を取ったら、なにも残らない。僕にとって野球は、かけがえのないものであったのだ、**と。

年末、野球部OBの先輩たちと集まる機会があった。

僕の就職先を先輩たちに報告すると、「お前、なんで野球を続けないの?」と、いろんな人たちに言われた。そのなかには、王子製紙や住金鹿島《すみきんかしま》(当時)といった社会人野球の強豪チームを抱える会社で働く先輩もいた。

「徳田がもし、うちの会社に来る気があったら、野球部の監督もコーチも獲るつもりだって話をしてたんだぞ」

そこまで評価してくれていた会社もいくつかあった。

「えーっ!」

驚きを隠せなかった。

もし僕が自分なりに動いて、帝京高校や創価大学の先輩方に相談していたら、電話の一本でもかけて「これからも野球を続けたいんですけど」と話をしていたら、社会人野球に進めていたかもしれなかったのだ。

だけど、すでに僕の就職先は決まっていた。

しかもそれは高校と大学の大先輩が僕のために根回しをしてくれた結果、手にした内定だった。そこで引き返すことなど、僕にはできないように思えた。

ドラフト会議が終わったあと、もし僕に「この先も野球に携わっていたいんです」とひとこと告げる勇気があれば、このあとの人生はまた違っていたのかもしれない。

人生の分かれ道は、どこにあるかわからない。もしあのとき連絡していれば、社会人野球で活躍できたかもしれないし、その後、プロ野球選手になれた可能性だってゼロではない。だけど、そうなっていたら、いまみたいに野球ユーチューバーになることもなかっただろう。なにが正解なのか、そのときは、いや、あとになってもわからないものだ。

ただ、「就職できたら、それでいい」という考えは、甘かった。

何も考えず、人まかせで就職した結果、僕はのちにいろんな人に迷惑をかけることになった。そのことは、悔やんでも悔やみきれない。

創価大学を卒業した僕は、ここから人生の「暗黒期」へと突入する。

▲岸監督との交換日記は「人間を作る」ことにつながった

▲創価大学での学びはプライスレスだ

▲見事なジャンピングキャッチ!

第4章

YouTubeチャンネルの開設

慣れない飛び込み営業で神経をすり減らした毎日

社会人になった僕は「へたれ」になってしまった。

創価大学を卒業した僕は、学校に紹介してもらった警備会社に就職した。配属されたのは営業部だ。僕はよくいう「営業マン」になったんだ。

就職した会社では、警備だけでなく、手広くいろんな事業を展開していた。球場をはじめスポーツ施設を運営する事業部もあれば、女子プロゴルフのトーナメントなど、イベントを運営する部署もあった。

僕が担当したのは、ビル清掃サービスの営業だった。ビルの掃除や点検をまとめて請け負うサービスがあって、それを売り込むというのが仕事だった。

基本はいわゆる「飛び込み営業」だ。

ツテがあるわけでも、知り合いが働いているわけでもない会社に突撃訪問して、「このビルの掃除を弊社にまかせてみませんか?」と営業をしていく。簡単なように思えるかもしれないけど、これがめちゃくちゃキツかった。

「とんでもない仕事に就いてしまったなぁ……」

入社して半月ぐらいでそう思うようになった。

現在の「トクサン」を知る人には想像できないかもしれないけれど、僕はなにごともネガティブに考えてしまう、とんでもない「へたれ」になってしまっていたんだ。

大学を卒業するまで野球漬けの日々を送ってきた僕にとって、体力的にはまったく問題なかった。毎日、ひたすらビルを訪ねて歩けばよいのだ。

だけど、精神的にはキツく、僕はすっかりまいってしまった。

営業の手順はこうだ。

まず、自社ビルを持っている会社や、ビルのオーナーを探す。

見つけたら訪ねていって、受付に名刺を渡す。そこから担当者につないでもらうところがまず、第1のハードルだ。大きな会社には毎日、いろんな商品を扱う営業マンが次から次へと訪ねてくる。だから受付の人も、こちらの営業トークを聞き流すのに慣れていた。

運がよければ、総務部などに内線で連絡を取ってくれるけれど、

「すみません。掃除は間に合っているようです」

このひとことで断られることが多かった。

同じビルを何度か訪ねたり、タイミングが重なったりすれば、担当者と実際に会えることもあった。ここからが第2のハードルになる。ほとんどのビルには、すでに別の清掃業者が入っている。そこで自社のサービスについて説明したところで、「いまの業者で、特に困っているところはないんだよね……」と、言われてしまう。たしかにビルのなかを見渡せば、綺麗に保たれている。

「そこをなんとか！」

こちらも仕事なので食い下がる。「弊社のサービスに切り替えてもらえませんか？」とお願いするのだ。これが第3のハードル。なんとか契約にまでこぎつけなきゃならない。

「いや、間に合っているから」

ほとんどがこのパターンで追い返される。くる日もくる日も、これの繰り返しだ。たまたま現在の業者じゃ満足できないとか、完成したばかりのビルで、まだ清掃業者が決まっていないところに当たれば契約が取れることもあった。けれど、何度もそう上手くはいかないものだ。

毎日、上司に提出する業務報告にも同じような文言が並んで、なんだか鬱々《うつうつ》としてくる。まるで、自分の心が蝕《むしば》まれていくような感覚さえあった。

もしも僕が、仕事のできる営業マンだったら、それどころか自分で考えて動く営業マンだったら、成果が出ない原因を探り、営業のやり方を工夫しただろう。

担当者に取り次いでもらえる方法はほかにないか、どうすれば話を聞いてもらえるのか、うちのサービスを使ってみようという気になるのは、どういうビルなのか。そこに楽しさとかやりがいを見いだすこともできたはずだ。

だけど、僕はそれをしなかった。

「この仕事がやりたくて、就職したわけじゃない」

そんな「甘え」があったんだ。野球から離れた僕は、どうしようもない人間になっていた。仕事って難しい。働くって大変だ。それがわかっていなかった。仕事は野球のように、スポーツのように、すぐに結果が出るものではない。過程と結果が結びつかないことだって、いくつもある。がんばったからといって、必ず評価してもらえるものでもない。そのことをわかっていなかった。

仕事をつまらないと感じるのは、興味を持って取り組んでいない証拠だった。失敗を重ねるなかで、こうすれば成果が出せるのだと日々学んでいく。野球をやっていたときには、ごく当たり前にやっていたはずの地道な作業から、逃げることばかり考えていた。「つらくても、ここからなにかを学んでやろう」という発想ができなかったのだ。いま、当時の僕と対面できるのであれば、力いっぱいぶん殴ってやりたいぐらいだ。

ひたすら周りに迷惑をかけた末に、僕は退職届を出した

僕には、小学校、中学校、高校、大学と、素晴らしい指導者がいた。

就職した会社も紹介してもらっただけあって、帝京高校や創価大学のOBがたくさん働いていた。僕の直属の上司にあたる部長も、帝京高校の大先輩にあたる人だった。みなさん、僕にとても優しくしてくれたし、成績の上がらない僕を可愛がってくれた。

だけど、手とり足とり営業のやり方を教えてくれるわけではなかった。社会人になったからには、試行錯誤しながら、自分なりの方法を身につけなければならないんだ。

断られてばかりですっかり「へたれ」になった僕は、それができなかった。断られたり拒絶されたりすることが怖くなって、一歩も前に進めなかった。

ただひとり、ため息をつくだけの毎日が過ぎていった。

就職して、半年ぐらい経ったころだったろうか。奈良隆章から久しぶりに連絡があった。

帝京高校の同級生で、監督から「絶対的なキャプテン」と呼ばれた奈良。大学時代には、僕にとって最後の公式戦で対戦した、あの奈良だ。

なにかと思えば、「大学の同期たちとクラブチームを立ち上げる。トクも参加してくれないか？」という。僕を、野球チームのメンバーに加えたいと言うのだ。

奈良の話によると、お互いが大学生だったころ、筑波大学の野球部では創価大学との対戦に備えて、かなり研究・分析していたという。いったいなにを研究したかといえば、「徳田のつぶし方」だった。つまり、試合のとき僕を塁に出させない方法や、僕に盗塁させない方法を研究していたのだ。

では、なぜその僕をクラブチームに勧誘するのか。理由はいたってシンプルだった。

「一緒にクラブチームを立ち上げる大学の同期は、みんな徳田のことを知っているから」

そう、創価大学を倒すために僕のことを研究していたから、筑波大学の野球部では、僕のことがよく知られていた。いつのまにか、みんな僕のことに詳しくなっていたんだ。であれば、筑波大学出身のメンバーと徳田は仲良くやれるだろうというのが、奈良の考えだった。奈良の発想を含めて、面白そうだと思った。

「力を貸してほしい」

ここまで言われて、断る理由などなかった。こっちは変わり映えのない日常を抜け出そうと、苦しみもがいていた時期でもあった。すぐにOKした。

それから毎週末、東京から茨城県まで通って、クラブチーム『Ｔｓｕｋｕｂａ Ｃｌｕｂ』の練習に参加した。それは小学校のとき、転校した先でイジメられた僕が、毎週末のソフトボールをただひとつの生きがいとしていた日々に似ていた。小学生時代は、週末が楽しかったから、平日をなんとか乗り切ることができたのだった。

だけど、僕はもう大人になっていた。クラブチームでの野球は楽しかったけれど、週末のために平日をやり過ごすことができなくなっていた。

「僕は、いったいなんのために働いているのだろう？」

成果を出せず、相変わらず仕事に面白さを見いだせない。まるで負のスパイラルに飲み込まれるように、僕のメンタルは弱っていった。仕事に対するモチベーションは下がる一方だった。

そしてついに、僕の心はポッキリと折れてしまった。

心の折れた僕が、いったいなにをしたか。仕事をサボり出したのだ。

朝、「行ってきます！」と会社を飛び出すまではいい。その後、マンガ喫茶に入って、マンガを読んで時間を潰す。そんな人間になってしまった。そうなると、今度はふと冷静になったとき自分で自分のことがイヤになって、自己嫌悪に陥った。

「僕はなんてダメなヤツなんだ……」

サボり癖がついた僕は、会社の先輩のひとりに、正直に相談した。

「こんな僕を拾ってもらった会社なので言いにくいんですが、僕はこの仕事に向いていないと思うんです」

先輩は僕なんかの話に耳を傾けてくれた。そして、「徳田が悩んでいるようだ」と上司に報告した。そして上司との話し合いがあり、上司は僕の意を汲《く》んでくれた。会社を辞めることになった。この会社でお世話になった先輩や上司には、いまでも申しわけない気持ちでいっぱいだ。先輩たちの期待に、僕はなにひとつ応えられなかったのだから。

就職活動の時期が終わっていた大学4年生の秋に、わざわざ面接までして採用してくれたのに、その恩を大きな仇《あだ》で返すことなったんだ。

2009年。僕は約2年間働いた会社に、退職届を提出した。

この警備会社を紹介してくれた学校には、その後もずっと連絡できないでいた。合わせる顔がなかったというのが正直なところだ。僕は本当にどこまでも「へたれ」だった。しばらくして、会社から学校に連絡があったらしく、ずいぶんと叱られた。

このできごとから10年以上経ったある日、帝京高校野球部の70周年記念式典が東京・品川のホテルで大々的に開かれた。そのパーティの会場で、僕は警備会社で働いていたときの先輩を久しぶりにお見かけした。さすがにあらためて謝らなければと思い、自分から挨拶しにいった。

「大変ご無沙汰しております。その節は申しわけありませんでした」

深々と頭を下げた。

「おー！　元気だったか。もう昔のことだからいいんだけど、あのときは俺も大変だったんだぞ」

先輩は笑って当時のことを許してくれた。僕を信用して採用したのに、わずか2年で辞めたものだから、先輩はきっと、会社で肩身の狭い思いをしたに違いなかった。あのときの僕は、とんでもないことをしてしまったんだな。このときも、そう痛感した。

「やっぱり僕は野球が好きなんだ」そして見つけた新たな夢

すっかり弱って警備会社を辞めたはいいけれど、次に働く場所が決まっているわけではなかった。警備会社は僕の「自己都合」で退職したので、失業手当がおりるまで期間が空いた。その間の生活費を稼ぎながら、次の仕事を見つける必要があった。僕はマクドナルドでアルバイトをしながら、ハローワークに通うことにした。

この転職活動が、僕にとって人生で初めての就職活動でもあった。

警備会社では、これといった成績を残せなかった僕の職務経歴書は、内容としてはかなり乏しいものだった。同級生にかなり遅れて始めた就活では、その大変さを思い知ることになった。

僕はまだ、自分のなかで心から「やりたい」と思える仕事を見つけられていなかった。転職活動は1年ほど続いた。そのなかで面接までたどり着けたのは5～6社あったけれど、面接に臨んだところで、志望動機を上手く言えなかった。それらしい理由を作って話したこともあったけれど、言葉に「この会社で働きたい！」という心がこもっていないから、いつも結果は同じ「不採用」だった。

相手も大人だ。僕が本気で取り組もうとしていないことを見透かしていたんだろう。

一方、仕事は辞めたけれど、野球は続けていた。

アルバイトや転職活動をしながらも、週末には練習に参加したり、試合に出させてもらったりしていた。その日々のなかで、僕という人間にとっては野球の占める割合がとても大きいことに気づいた。

「僕は、本当に野球が好きなんだな」

そう思ったとき、心の芯がふわっと温かくなるような感覚があった。僕はどんなかたちであっても野球から離れることなんて、できないのだとわかった。だから、

「野球に携わる仕事はできないだろうか？」

と自然に考えるようになっていた。

そこで野球に関する仕事、プロの球団に携われる仕事はないかとネットで検索してみたけれど、僕を採ってくれそうな会社はなかった。

「だったら、教員になるのはどうだろう？」

そんな考えが頭に浮かんだ。

僕自身の人生を振り返ったとき、強く印象に残っているのは「甲子園」だった。「もう一度、甲子園に行きたい。あの場所に立ちたい。あの雰囲気を味わいたい」。そう思った。

体育の教員になれば、コーチや監督として、高校球児たちとともにその夢が叶えられるん

じゃないか？　そう考えたんだ。

思い出されるのは僕を叱咤《しった》し、育ててくれた恩師たちの顔だった。小学校のとき、ソフトボールチームに誘ってくれた渡辺監督。中学時代に野球を教えてくれた長沼監督。そして帝京高校の前田監督、創価大学の岸監督。

帝京高校では戦争のような野球を経験し、創価大学ではスクラムを組んで相手チームに向き合った。その両極端の環境のなかで、僕なりの野球とか、僕なりのチームのあり方というものが見えていた。

勝ったとか負けたとか、ヒットを打ったとか打てなかったとか。そんなことで一喜一憂するのが野球じゃない。三振を取れば人生が豊かになるのか、ホームランを打ったら勝者なのかといえば決してそうではない。実はその過程にこそ意味があるんだ。野球を通して、僕たちはそれを学んできたんだ。

教員になれば、僕のそんな思いを生徒たちに伝えることができるはずだ。

「高校の教員になろう！」

そう思うようになった。

ただ、教員になるといっても、まずなにから手をつければいいのかわからなかった。もう一度大学に入るにしても、僕には学力が不足していた。学費も貯めなければならないし、そもそも当面の生活費も稼がなくてはならなかった。

まずは母校・創価大学の教職課程について調べはじめた。新しい夢を追いかけるんだとやる気になっていた。しかし、気を抜くと、「僕なんかにできるのかな？」という不安にさいなまれた。一度不安になると、「僕は仕事から逃げた人間なんだ」という思いが頭から離れなくなった。仕事に向き合わず逃げた人間が、どんな顔をして教壇に立つというのか。生徒たちを前に、僕なんかが夢を語る資格があるのだろうか。

僕なりに思い、悩んだ。

高校や大学での同級生のなかには、すでに教員になっている者がいた。彼らに話を聞いてみると、教育現場の大変さがよくわかった。なかでも新卒で教員になった者の離職率が高いと聞かされた。大学を卒業後、社会人としての経験が充分にないまま、教育という特別な世界に身を置くことになるために戸惑うことが多いのだろう。

ただ、社会人経験を積んでから、教員になった人もいるという話だった。そうした人たちは、一度は外の世界を見ているせいか、長く続くということだった。なるほどあり得る話だなと思った。

僕は、新卒で入った会社の仕事を好きになれなかった。好きになろう、がんばろうという気にすらなれなかった。だからそんな人間が、なにも変われないまま別の場所に行ったところで、また同じことになるんじゃないかと考えた。ここから大学に進んで、教職免許を取って高校の教員になったとしても、そして野球部の監督やコーチになれたとしても、つらいことがあったらまた逃げてしまうんじゃないかという不安を、どうしても拭《ぬぐ》いさることができなかった。

「もう一度、働こう。教員になるのは、そのあとだ」

まずは社会人として一人前になる。遠まわりにしているように思うかもしれないけれど、僕はそう決めた。

チームを渡り歩く「流浪人」、武者修行中のアニキと出会う

今度こそちゃんと働こうと決意するまでのあいだにも、アルバイトと仕事探しの日々は続いていた。

気づけば僕は24歳になっていた。このころ奈良から誘われた『Tsukuba Club』

は退団し、僕はいつのころからか「草野球流浪人」になっていた。いったいどういうことかというと、

「人数が足りないから来てくれ」

「メンバーが仕事で試合に出られなくなった」

と、知り合いの草野球チームからお呼びの声がかかると、バットとグローブを持って駆けつけるのだ。今週末はあっちのチーム、来週末はこっちのチームという風に、草野球の助っ人として流浪の旅を続けていた。

そのなかで、中学校が一緒だった友だちから「うちにも来てくれよ」と連絡があった。友だちは『イーストウエスト』という会社で働いていた。イーストウエストには、会社の草野球チームがあった。そのチームの助っ人として、僕が呼ばれたのだった。

イーストウエストのメンバーと一緒にプレーしたり、何度か飲み会に参加させてもらったりするなかで、チームの監督兼会社社長と話をする機会があった。

「君はいま、どんな仕事をやっているんだ」

「体育の先生になろうと考えているんですけど、そのまえに何年間か仕事をするつもりでいます」

そういう話をした。すると社長が「よかったら、うちで働かないか」と誘ってくれた。草野球を通して、会社やそこで働く人たちのことはわかっていたし、すでに同級生が働いているという安心感もあった。とてもありがたい話だ。ただ僕は、いずれ教員になるつもりでいたので、そのことは事前に伝えておきたかった。

「学校の先生になるための大学進学、それに向けて具体的に動きだすときには、会社を辞めることになりますが、問題ないですか？」

それでもかまわないと社長は言ってくれた。これもなにかの縁だろうと、僕はイーストウエストで働くことになった。

またも野球がつないでくれた再就職先だった。

会社に入社する時点で、僕は心のなかで固く誓っていた。「期限は3年だ」と。

「どんなにつらくても、最低3年はちゃんと働く。社会人としての経験を積む。3年経ったとき、『教員になりたい』という夢がまだ心のど真ん中にあったら、社長に告げて会社を辞めよう」

就職するときに退職のことまで考えるなんて、おかしいと思うかもしれない。けれど僕は、今度こそ夢を実現させるため、さらに次の段階を見すえて動きたかったんだ。

僕にとって2社目であるイーストウエストは、携帯電話の基地局を設置する事業を展開していた。僕は、この会社でも営業部に配属された。

当時は、ソフトバンクが通信エリア拡大のために中継基地をどんどんと建てている時代で、その手伝いをするのが仕事だった。

ソフトバンクから送られてくる「このあたりに基地局を建てたい」という、ぶ厚い資料をもとに、その土地の持ち主と交渉して、許諾を得るのだ。

担当したのは茨城県だった。同じ年の営業マン3人で手分けして、県内の各地域を歩いてまわった。まずは資料を見て、基地局を置きたい地域をたしかめる。次に、法務局に行って地図を見る。そして、その地域の土地の所有者を調べる。所有者がわかったら、実際に訪ねていくという流れだ。

基地局を置きたい場所は、山や田んぼ、畑になっていることが多かった。だから、土地の持ち主が農作業をしているところにおじゃまするなんてことも、よくあった。都市部から離れたそうした地域では、スーツ姿で話しかけてくる人間は、たいてい怪しまれる。だから、不安を抱かせないよう、元気よく挨拶するのが秘訣だった。

最初に就職した会社での失敗が、僕にとって反省材料となっていた。

「今度はもう自分に負けない」という気持ちで、話を聞いてもらえなくても、聞いたうえで断られても、何度かチャレンジして、打開策を見つける努力をした。草をかきわけるように歩いて、おじさんおばさんを訪ねたこともあった。

この営業では、直接当事者に会いに行くので「担当者につないでもらえない」ということがなかった。だから、その時点で精神的なダメージを食らうということもなかった。一度は断られたお宅に、再び話をしにいくのは勇気のいることではあったけれど、誠意を持ってお願いすれば、たいてい許諾がもらえた。

土地の持ち主の許諾をもらったら、今度は役所に行って申請したり法的な処理をしたりして、契約書を取り交わした。成果や評価がわかりやすいというのも、僕の性に合っていたのだろう。この仕事に打ち込めるようになった。

こちらが楽しんで働いていると、土地を所有する皆さんにもそれが伝わるのか、僕のことを気に入ってくれる人もいた。「ついでだから」と夕食を用意してくれて、営業先のご家族と一緒にテーブルを囲むなんてこともあった。

イーストウエストに在籍中は、もちろん会社の草野球チームのメンバーとしても活動した。僕はここで、**ユーチューブの『トクサンTV』でおなじみ、アニキこと平山勝雄《ひらやまかつお》と初めて出会っている。**

アニキは、神戸大学硬式野球部のエースだった人で、在学中はプロ野球からも注目されていた。当時は、僕がいま所属する草野球チーム『天晴（あっぱれ）』のピッチャーで、140キロを超える速球をバンバン投げていた。

ただ、そのころの天晴は、お世辞にも強いチームとは言えなかった。アニキがひとり気を吐いてはいたものの、運悪くボールを前に飛ばされてしまったら、内野がエラーしたり、盗塁を刺すときにキャッチャーが暴投したりで点を取られていた。0対2、0対1というスコアで負けることの多いチームだったんだ。

孤軍奮闘していたアニキは、「武者修行」という言い方が正しいかわからないけれど、しばらく他の草野球チームに所属することにした。天晴に足りないものはなにか探ることが目的だった。チームメンバーも、快くアニキを送り出してくれたらしい。そのアニキが門を叩いたのが、僕が所属するイーストウエストだった。アニキはイーストウエストのメンバーに加わって練習するなかで、そのレベルの高さに驚いたらしい。

「このチームには、すごい選手がこんなにいるんか……」

あとから聞いた話では、アニキが実力を認めた選手のなかに、僕も含まれていた。ただ、このときはまだ、数年後に一緒のチームで野球をやることになるとは思っていなかった。ましてや、野球ユーチューバーとして、チャンネルを立ち上げるなんて、お互い想像すらしていなかったはずだ。

教員になる夢に向かって走り出す

僕はそれから1社目での失敗を糧《かて》にして働いた。大変なこともあったし、ときには徹夜しなければならないこともあったけれど、仕事には前向きに取り組めた。瞬《また》く間に月日が過ぎ去り、丸3年が経った。僕はあらためて自分の心に問いかけてみた。

「体育の教員になりたいという夢は、まだ抱き続けているか?」

夢はまだ、たしかに僕の中心にあった。仕事をちゃんとやり切ったという思いもあった。入社するときに伝えていたように、僕は社長に「会社を辞めます」と伝えた。

社長は、まさか僕が本当に3年で辞めるとは、思っていなかったらしい。

「大丈夫なのか？」

僕は28歳になろうとしていた。年齢のこともあったのだろう。社長は僕の行く先を心配してくれた。だけど僕の思いは、3年前よりも強いものになっていた。

「はい、大丈夫です。がんばります！」

そう返事をして、2社目の会社を退職した。

その少しまえから、僕はどの大学に進むべきか考えていた。

体育の教員免許を取るための選択肢はたくさんあったが、相変わらず僕は学力に自信がなかった。でも、調べていくなかで、高校での甲子園出場やベスト4、大学での全日本選手権大会ベスト4という成績は、体育の教職課程に進むには、めちゃくちゃ有利であることがわかってきた。これだけの成績があれば、受験で免除される科目がいくつもあった。

「経歴って、すごいんだなあ」

自分が経験してきたことの価値を初めて知った。僕が高校や大学で経験したことは、多くの人が経験したことのない、特別なものだったのだ。

本当なら、こうした経験に頼らず、いちから勉強し直して進学できればカッコよかったんだろうけど、僕には難しかった。たしかに安直な考えではあったけれど、これを使わない手はないと思った。そして国士舘《こくしかん》大学、国際武道大学をはじめ、いくつかの大学が候補に上がった。そのなかで僕は「体育の東大」ともいわれる筑波大学への進学を決めた。

ただ、ひとつ不安な面があった。予想していたこととはいえ、もう一度大学に入学し直すには、経済的に厳しかったのだ。入学費は決して安くないし、教員免許を取るまで無収入で生活できるほどの貯金もなかった。だから大学では通信教育課程に進んで、勉強しながら空いた時間で働くことにした。

自分のなかで４年から５年間かけて体育の教員免許を取得することを目標に掲げた。こうして２０１４年、僕は筑波大学体育専門学群に入学した。

大きな夢と目標を胸に抱いて入った大学だった。だけど今度もまた、その道なかばで中退することになった。

でも、今度は挫折したからではなかった。ユーチューブに出会ったからだ。

のちに相棒となるライパチとの出会い

通信教育課程といっても、体育専門学群には実習があるので、筑波大学のキャンパスがある茨城県つくば市に引っ越すことにした。

引っ越し業者には頼まず、ワンボックスのレンタカーで引っ越しをした。創価大学を卒業して寮を出た僕は、結局、28歳まで実家で暮らしたことになる。ベッドや家電、その他必要な物を車に積み込んで、東京都大田区とつくば市を3往復ぐらいして引っ越した。心機一転。教員になる夢が具体的に動き出したのだった。


このころになると、僕と草野球チーム『天晴』の関係は、かなり深いものになっていた。天晴から「武者修行」ということでイーストウエストの野球チームにやってきたアニキは、僕が会社を辞める少しまえ、別のチームに移っていた。それが『東京ヴェルディ・バンバータ』だった。バンバータは、そのころから現在にいたるまで、クラブチームとしては日本最強クラスの軟式野球チームだ。

ここでアニキは、ピッチャーとしての腕に磨きをかけ、また強いチームというものはどういうものかをつぶさに観察した。

一方の僕はといえば、会社を退職したこともあって、再び「草野球流浪人」となっていた。声をかけてくれたチームのもとへ出向き、試合に出る週末をくり返していた。

やがてアニキは、また天晴に戻った。武者修行を終えたのだ。

アニキは天晴のメンバーを見渡して「このチームに足りないものはなにか」という点についてあらためて考えて、「それはトクみたいな選手だ」と思いたったらしい。筑波大学に入学する直前だったろうか。アニキから連絡があった。

「一回、天晴に遊びに来てくれへんか？」

流浪人になっていた僕は、ふたつ返事でＯＫ。その週末の練習試合に合流した。そのとき、天晴のメンバーは、僕のプレーとか野球に対する姿勢に、影響を受けてくれたらしい。アニキの読みどおりの結果だった。

僕としても、アニキのことはイーストウエスト時代から知っているし、他のメンバーも、野球の技術についてはいったん横に置いておくとして、いい人ばかりだと思った。なにしろアニキが「他のチームを見てくる」と言ったとき、反対もせず送り出し、帰ってきたらまた受け入れた人たちだ。優しいに決まっていた。

初めて参加したその日に「このチームで野球がしてみたい」と思い、監督やアニキも「よければ一緒にやろう！」と僕を歓迎してくれた。

のちにユーチューブで共演することになる「ライパチ」こと、大塚卓《おおつかすぐる》と初めて出会ったのも、このころだ。

「なんだか不器用なヤツがいるな……」

これが第一印象だった。当時のライパチは、身体もかなり細かった。

同じチームのメンバーだし、練習後の飲み会でも一緒になった。だからもちろん、その存在は知っている。ただ、熱く語り合うとか、最初から気が合ったというわけではなかった。お互い、「メンバーのひとり」という認識に過ぎなかったはずだ。

本当のところはライパチに聞いてみないとわからないけれど、ライパチは僕みたいなタイプの人間が苦手だったんじゃないだろうか？

野球が得意で、野球にやたら熱い。ライパチも野球が好きだとはいえ、僕たちのことを暑苦しく感じることもあったんじゃないかと思う。

筑波大学に入学した僕は、通信教育で学びながら、学費や生活費を稼ぐために配送業者で働いた。『イオンモールつくば』に入った各テナントに、商品を運ぶという仕事だ。

教員になるための勉強、稼ぐための仕事、そして草野球と、僕は2足のわらじどころか、3足のわらじを履くことになった。

かなり忙しい日々だったけれど、不思議と野球をやめようとは思わなかった。そんな考えが頭をよぎったことさえなかった。どんなことがあろうと、もう野球を手放さないと決めていたのだろう。

人生が上手くまわっていると感じるとき、その中心には、いつも野球があった。僕は野球を通していろんな人たちと出会い、野球を通して僕は成長してきた。

野球が、僕の人生をより豊かなものにしてくれたんだ。

真夜中に駆けつけて『ライパチボーイTV』に出演した日

「徳さん、○月○日にお時間いただけませんか？」

ライパチからこんなLINEがあった。それまでライパチから直接、連絡をもらうことなんてなかったから、なにごとかと思った。

「お、おう。どうした？」

これが、のちの『トクサンTV』へとつながるユーチューブチャンネル『ライパチボーイTV』に出演するきっかけだった。

僕の野球ユーチューバーとしての人生は、このときに始まったといっていいだろう。

話は、少しさかのぼる。

茨城県つくば市で、勉強をしながら配送業者で働いていた僕は、毎週日曜日に天晴の練習に参加していた。天晴は、チームとして東京都北区の軟式野球連盟に加盟している。大会があるときは、北区にあるJR赤羽駅から荒川の土手までみんなで歩いていって、試合をする。ただ、ふだんの試合会場は、定まっていなかった。大田区の大井ふ頭にある大田スタジアムで練習試合をすることもあれば、品川区の天王洲《てんのうず》で試合することもある。埼玉県の大宮けんぽグラウンドを使うこともあったし、都心から少しはずれた西東京市まで足を延ばすこともあった。

いずれも僕が暮らしていたつくば市からは片道1時間30分から2時間かかる道のりだ。それでも天晴に通い続けた。移動する電車のなかで大学の勉強をするなんてことも日常茶飯事だった。「このメンバーと一緒に野球ができるんだったら」と、苦にもならなかった。正直なところ、時間が経つにつれて少しずつ勉強するペースは落ちていった。けれど教員になるという夢は、貫き通す覚悟でいた。仕事を入れる日を減らすとか、天晴を休むなんて考えはなく、僕なりに地道に勉学に勤しんでいた。

そんな生活が1年ほど続いたある日のことだ。

アニキが、ライパチを主軸にすえて、ユーチューブの動画を作ろうと思い立った。

そのころ天晴には、ユーチューブチャンネル『ｑｏｏｎｉｎＴＶ』でおなじみ、野球ユーチューバーのクーニンがいた。クーニンは、天晴の練習風景や試合を撮影しては、動画にまとめて公開していた。僕も撮影の様子を見ていたし、なんなら創価大学時代の経験談を話して、それが動画になったこともあった。

「こういうことをやって、楽しんでいる人もいるんだな」

僕としては、そのくらいの認識だった。

そのクーニンが、ファンを獲得していく様子を見ていたアニキは、考えた。野球のあまり上手くないライパチのチャンネルを立ち上げたら、『ｑｏｏｎｉｎＴＶ』とはまた別の面白さを生み出す動画を作れるんじゃないか？　と。

僕たちは毎週末に集まって、野球をして、居酒屋で話をして盛り上がっていた。この空気感というか雰囲気、ワイワイとした感じが伝われば、野球を知らない人にも、野球がもっと身近なものになるんじゃないかと読んだのだ。

アニキは当時、大阪に本社がある読売テレビ放送で働いていた。みんなも知っているようなお笑い芸人や、タレントが出演するバラエティ番組で、ディレクターやプロデューサー、演出を務めてきた、いわば映像制作のプロフェッショナルだった。

当初アニキは、野球のヘタっぴなライパチが、野球の得意な人や上手な人に話を聞いて、その技術を引き出していく動画をイメージしていた。

「そんな動画チャンネル、ほかにないやろ？」

その一方で、ライパチはそのころ、漫然と仕事を続けていて、なにに対してもやる気がない様子だった。周りからも彼が無気力なように見えた。たしかに野球はヘタだったけれど、ライパチにとって天晴だけが唯一、生きる喜びを感じられる場所だったのではないだろうか。そこへ、バイタリティのかたまりみたいなアニキが、話を持ち込んだ。

「ライパチ、ここらで人生を変えへんか？」

これが殺し文句となった。ライパチはアニキが作る動画に出演することになった。2016年8月15日、『ライパチボーイTV』がこうしてスタートしたのだった。

ライパチは表に出て、話したりチャレンジしたりする役目。アニキは、内容を企画したり編集したり、プロデュースをしたりするという役割分担だった。

そのころのライパチは、野球をやるにはまだまだ身体が華奢《きゃしゃ》だった。天晴での練習中、見かねたアニキが「パワーをつけて、空振りの風圧で打球を飛ばすくらいになれ！」と無茶な注文をつけていたので、マジメなライパチは筋トレにハマっていた。初期のライパチボーイＴＶで、筋トレをやっている動画が多いのはそのせいだ。体重１２０kg超という知人が、ライパチに体重の増やし方を語っている動画も、いま観ると面白い。いろんなことを試していたことがよくわかる。

ところが、ライパチボーイＴＶは、アニキが予想していたほど再生数が伸びなかった。制作のプロであるアニキは判断が早く、頭のなかでカチッと方針転換がなされた。

「新しい風を吹き込ませよう」

そこで声がかかったのが、僕だった。

「トク、どうせ暇にしてるやろから、呼べ！」

アニキがライパチに言った。僕は決して暇なわけじゃなかったけれど、ライパチから僕に連絡が入った。

「徳さん、○月○日にお時間いただけませんか？」

ライパチからそんな連絡をもらったことがなかったので、なにごとかと思った。僕はその日、配送の仕事を終えて、家で机に向かって勉強しているところだった。

「どうした？　なにかあったか？」

よくわからないまま指定された場所に行ってみたら、アニキがいて、ライパチと動画を撮っていた。ライパチは言った。

「ちょっとバッティングの話を聞きたいんです」

この日、野球ユーチューバー「トクサン」が生まれたんだ。

動画を撮影することは、事前に知らされていなかった。

その後もライパチから「来れますか？」と連絡がある度に撮影場所の渋谷までＪＲ常磐《じょうばん》線の牛久《うしく》駅から向かっていた。

そんな経緯があって撮ったのが「タイミングを合わせる極意！トクサン流」という約６分間の動画だった。僕なりのバッティング理論を語るという内容だったが、おかげさまで好評を博したようだ。

僕は、このとき「人に教えるのってこんなに難しいのか」と実感した。

長いあいだ野球をやってきたから、あらゆる技術が身についてはいるけれど、どうやってやっているのか、なぜそれをするのかを語ろうとすると、難しかった。感覚的にやってきたことだから、上手く言葉にできなかったんだ。

話を聞いているライパチはもちろん首をひねるし、アニキは「そんな説明じゃわからへん」という。その点でアニキはめちゃくちゃ厳しくて、「誰が聞いてもわかるものじゃないと、世には出せない」という。

「どうやったらわかってもらえるのだろう？」と何度も何度も説明をくり返した。そのなかで、自分自身、「なるほどこういうことを考えながら僕は動いていたのか」と気づくことがいっぱいあった。いままで味わったことのない、新鮮な感覚だった。

完成した動画は、わずか6分間に編集されてはいるけれど、実際は1時間半から2時間くらいかけて僕の理論を語っている。それだけしゃべり続けないと、ライパチやアニキに届く言葉が、出てこなかったんだ。

人生の転機となったアニキからの言葉

僕がライパチボーイTVでバッティング理論を語った動画には、ポジティブなコメントがいっぱいついた。「わかりやすかった」、「聞いたことのない話だった」、「違う練習方法を教えてほしい」。ここまで反響があるとは思っていなかったから、単純にうれしかったし、とても刺激的な体験だった。

初めてライパチボーイTVに登場した日のすぐあと、居酒屋でアニキと話をした。アニキは僕が教員を目指して勉強していることは、もちろん知っていた。

そのうえで、こう言ったのだ。

「トクが体育の先生になるという夢は尊重するし、大事にしてほしい。ただ、教員になって野球の指導をするにしても、やっぱり自分の感覚を言語化しとかなあかんと思うねん」

そのことは、僕も動画を撮って以来、痛感していた。人に教えるのって、簡単なことじゃないんだなって。アニキは話をつづけた。

「感覚を言語化するためにも、ユーチューブで自分の技術を語る、そういうスキルを身につけといたほうがええと思うねん」

たしかにそのとおりだなと思った。野球に関する方法論を感覚としてわかっているだけでは、試合のときには役に立っても、人には上手く教えられない。言葉として説明するクセをつけておかなければならない。

「だから、できるときでええから、一緒にユーチューブをやっていこうや」

こうして僕もアニキに口説《くど》かれてしまった。

それから定期的に動画に出たりナレーションにチャレンジしてみたりと、撮影に参加するようになった。

そんなある日の夕方、再びライパチから連絡がきた。いつもどおりつくば市から東京の渋谷に向かった。ただその日は、強い台風が近づいていた。牛久駅から上野駅に向かう途中で大きな木が倒れ、停電が起きた。その影響で、電車が停まった。再び動き出すのは夜遅くになる見込みだという車内アナウンスがあった。

「今日はそっちに行けないかもしれない」

ライパチに連絡を入れた。

「いや、こちらは遅くなってもかまいません。待っています」

そんな返事があった。

「なにをそんなに急ぐことがあるんだろう?」

そう思いつつ、電車の運行再開を待った。

結局、渋谷に到着したのは深夜1時をまわってからだった。

道端の街灯の下でアニキとライパチが待っていた。小さなホワイトボードにアニキが殴り書きした進行表みたいなものがあった。ふたりでユーチューブの動画を撮影していたことを、ここで初めて知らされた。

「トク、ここに書いた流れで話してみてくれへんか？」

こうして、8月23日には僕が中心となって話す動画がアップされた。と同時に『トクサンTV』のトクサンとしての活動が、本格的に始動したのだった。

始まってまもないころは、僕もまだつくば市で暮らしていたから、その部屋で撮った動画がいくつか上がっている。自宅にカメラを置いて、僕がひとりで実践的キャッチボール理論を語る動画なんかがいまでも観られるはずだ。これらはアニキのアドバイスに従いつつ自分でカメラを設置して撮影したものだ。撮影した動画データをライパチかアニキに送ると、どちらかが編集してくれて、チャンネルに上がるという流れだった。

いまならよくわかるんだけども、動画の編集には手間と時間がかかる。当時はライパチも平日は別の仕事をしていたから、編集は家に帰ってきてからやっていたようだ。けれど、出演と編集を毎日こなすのは、ライパチにとってもキツくなってきた。

僕がトクサンTVに出始めた時点では、「トクは編集をしなくていいから」という話だったけど、アニキとライパチを見ているとユーチューブの活動が日常生活にまで影響してきた様子だったから、僕も編集を手伝うようになった。

アニキから「編集を手伝ってくれへんか」という話があったときは正直、あまり乗り気ではなかった。教員になりたいという自分の夢に、支障が出ると困ると思ったんだ。

それでも「まあ、やってみるか」とアニキからいろいろと教わるようになった。トクサンとして活動し始めて2～3か月が経ったころだったと思う。

実際にやってみると、すぐにその難しさが身に染みた。場面を切り替えるタイミングが、1秒どころか0・5秒違うだけでも、面白いものが面白くなくなってしまうんだ。

だけど、自分が編集した動画がチャンネルに上がって、世の中に公開されたときの喜びはひとしおだった。また、その動画に次々とコメントがついていくさまに驚いた。なによりコメントの内容に僕は、衝撃を受けた。

なぜ衝撃を受けたかといえば、僕が動画で話したことというのは、僕にとってはごく当たり前のことばかりだったからだ。

僕は『トクサンTV』で、いくつかの野球のテクニックについて話した。それらは、僕にとって基礎中の基礎だったり、誰もが知っているだろうと考えていた話だったり、あらためて言うほどでもないと思っていた話ばかりだった。だけど、コメントを見ていると、実は多くの人が知らないことだとわかった。

僕は指導者に恵まれ、そして仲間にも恵まれて、帝京高校に進むことができた。さらにはその後、創価大学でも野球をやった。動画では、その7年間で学んだものや得たものを、自分なりに解釈したりアレンジしたりして、しゃべっただけだった。けれど、そうした動画に「知らなかった」とか「聞けてよかった」という反応があった。

「なんでだろう？」

僕は考えてみた。そして、本来はその場にいなければ、見たり聞いたり体験したりできないはずの技術論や練習方法に、ユーチューブをとおしてなら、接することができるからだと気がついた。

「そういうことか！」

そんなの当たり前だろうと思うかもしれないけれど、僕のなかではこれが大きな発見だったんだ。

僕は、高校野球で甲子園に行き、大学野球ではレギュラーとして全国ベスト4まで勝ち進んだ。でも、そんな僕でも、大阪桐蔭《とういん》高校の野球部がどんな練習をしているかは、わからない。そんなとき、もし大阪桐蔭野球部のOBがユーチューブをやって、「大阪桐蔭ではこういう練習をしていました。選手たちはこういう意識で臨んでいました。とくに大事なポイントはここです」という話をしてくれたら、大阪桐蔭高校に入らなくても誰もがその知識を学べる。これはとても画期的なことじゃないかと気づいたんだ。

僕には、教員になるという夢があった。

それは、ひとつは甲子園に行くため。もうひとつは、僕という人間を成長させてくれた野球やチームのあり方を、生徒たちに伝えるためだということは、すでに書いた。

三振を奪ったら人生が豊かになるわけではない。ホームランを打ったら、勝者というわけでもない。なぜ三振を取れたのか、なぜ打てたのか、その理由を考えて次の練習に生かす。そのくり返し、過程の大切さこそを、僕は野球を通して伝えたかったんだ。

ふと気がつけば、ユーチューブでは、いつのまにかそれができていた。

自分の頭のなかでいろんなピースがカチリとはまって、すべてがリンクしたような感覚があった。

「これは面白いかもしれないぞ！」

そう思った。それまでは、アニキに呼ばれるがまま現場に行って、聞かれたことに対して話していただけの人間だったけれど、ユーチューブって面白いかもしれない。僕にも、もっといろんなことができるかもしれない。そう考えるようになった。

僕はひとり、ユーチューブに勝負をかけると誓った

ただ、僕は教員になる夢に向かって突っ走っているときだった。ユーチューバーとしての活動に本腰を入れることを検討しつつも、「夢って、そんなに簡単にあきらめていいのか？」という葛藤もあった。体育の教員になって、野球部の監督やコーチとして夢を実現させるのか、それとも、ユーチューブで自分が本当にやりたかったことをかなえるのか、そのはざまでずいぶんと僕の心は揺れていたんだ。

そうしているあいだにも、トクサンが登場する動画は次々とチャンネルに上がっていった。自分が出ている動画の編集に携わるようになると、編集の難しさがよくわかると同時に、自分の話の稚拙さがイヤというほどわかった。

「まだまだ感覚だけで話してるな」とか、「伝わりづらい言葉、わかりにくい言葉を使っているな……」といったことを客観的な視点で捉えられるようになるのだ。

改善すべきところは次の撮影にフィードバックして、気をつけて話す。それをくり返していくうち、動画の再生回数やチャンネル登録者数が一気に増えていった。

ごく自然なかたちで、自分のなかでユーチューバー「トクサン」ができあがっていったんだ。やがて、こんな風に考えるようになった。

「ユーチューブを通して野球に関われる、野球の魅力をたくさんの人に伝えられる。もしかすると『ユーチューブ』こそが、僕の追いかけてきた夢のかたちのひとつなんじゃないだろうか？」

僕は動画に出演するまえから、もちろんユーチューブやユーチューバーの存在を知っていた。けれど、世間の人たちがそこまで観ている媒体だとは思っていなかったし、僕自身にもその習慣がなかった。ましてやそれが仕事になるなんて、思ってもいなかった。

だけど、アニキはそれをいち早く見抜いていた。僕とライパチとのやりとりを観て、「凸《でこ》凹《ぼこ》感がいい」と面白がってくれる人が多かった。僕にとっては予想してなかった反応だったけれど、これからも上手くいきそうに思えた。僕の周りのいろんな要素が、ユーチューブへと動きだしているように思えた。

初めてライパチボーイTVに出演してから約半年後。

僕は教員になる夢をいったんおいておくことにした。そして、**ユーチューバー「トクサン」としての活動を本格化させることを決意した**。

ユーチューバーに専念することは、誰にも相談しなかったし、言わなかった。

天晴のメンバーはもちろん知っていたけれど、親にも話さなかったし、友だちに知らせたわけでもなかった。

帝京高校の前田監督は、僕がユーチューバーになってしばらくしてから知ったと聞いた。

前田監督は新しいものを積極的に取り入れる人だから、ユーチューブでもいろんな動画をチェックしていた。

『トクサンTV』には、僕が帝京高校野球部1年生だったころの話をした動画がある。それを観た監督は、トクサンが徳田正憲であることに気づかなかった。その動画は居酒屋で撮ったもので全体的にうす暗いし、当時の僕はメガネをかけて話をしているせいだろう。

「こいつ、帝京のことをよく知っているなあ」

動画を観て、妙に感心したらしい。

「なんでこんなに帝京高校のことに詳しいんだ?」

近くに、たまたま金田《かねだ》優哉《ゆうや》コーチ（当時）がいた。金田コーチは、僕が帝京高校野球部にいたときの、ひとつ下の後輩だ。画面をのぞきこんだ金田コーチは驚いた。

「あれ、これ徳田さんじゃないですか？　ほら、徳田正憲さんですよ」

「なにーっ！　あいつ、こんなことをやってるのか」

思いがけず監督をびっくりさせてしまったようだ。

体育の教員になるという夢をいったんおくことに決めた僕には、「ユーチューブに勝負をかけるんだ」という思いがあった。

２０１７年2月、僕はつくば市から再び、東京に引っ越した。

企画と撮影と編集のループで怒涛《どとう》の日々

僕にとって、そしてアニキやライパチにとっても、怒涛の日々が始まった。当時は、動画の企画や構成のすべてがアニキ任せだった。

「今度はこれやろう」「ライパチ、これをやってみてくれ」

そんな風に、アニキがどんどん提案していく。僕とライパチは現場で、撮影のコツや出演者としての映り方なんかを教わりながら、一生懸命にしゃべったり、動いたりした。

もちろん、僕やライパチがアイデアを出すこともあった。ただ、面白くないアイデアだと容赦なく、「それはあんまおもろないなー」と不採用にされた。

アニキは働くために生まれたような仕事人間で、当時はテレビ局での仕事もあったはずなのに、時間が空くのをとにかく嫌った。「この人は、仕事をしていないと死んじゃうのか？」と思うくらい、次から次へと企画を生み出していった。

僕たちが撮影したり編集したりする横で、アニキは身振り手振りをまじえて説明した。僕とライパチは、毎日、企画の立て方、構成の作り方、編集のスキルといった技術に磨きをかけていった。

一日のスケジュールは、こんな感じだった。

……まず、一日がどこから始まっているのか、もうわからなくなっている。

たとえば、グラウンドや球場で撮影をする。映像をアニキの自宅に持ち帰って、僕とライパチが編集をする。アニキはテレビ局の仕事に出かけている。慣れない作業なので当然、時間がかかる。動画の公開は毎日18時半と決めていた。だけど、その日撮ったものが、その日のうちに完成するわけなどなかった。

編集に手こずっているあいだに時間はあっという間に過ぎ去った。気づけば0時をまわっている。明け方、4時、5時くらいまでかかることもあった。

編集が終わったらアニキに連絡をして、仕事場にいるアニキに観てもらう。アニキもいつ寝ているのかわからないような生活だから、すぐに返信がある。

「全然ちゃう」

まったくダメという意味だ。「作り方が浅い」「そもそも、おもろない」といった感想とともに、修正すべき箇所のリストが、まとめて送られてくる。

僕とライパチはそれを見て、「終わったな……」と、ひとしきり絶望する。がんばってやったのに、直さなきゃならないところがこんなにあるのか、と。

それでもまた作業に取り掛かる。これがだいたい2時間から3時間かかる。前日から寝てないので、どこかでふたりとも「寝落ち」してしまう。

朝、9時くらいになんとか目を覚まして、またも編集に取りかかる。

昼ぐらいにもう一度アニキに、動画データと「確認をお願いします」ってメールを送ってチェックしてもらう。アニキの指示どおりやったはずなのに、「全然、あかん」という返信がある。「いや、こうやって直せって言ったじゃん！」と言いたくなるんだけど、ぐっとこらえる。いまになってみれば、アニキの気持ちが僕にもちょっとわかる。1度目と2度目では、動画を見るときの感情が違うのだ。その日ごと、時間帯ごとに「なにが面白いか」と思う感情は、刻々と変化していく。だから、修正に修正が重なるんだ。

これがプロのテレビマンが求めるクオリティなんだと驚かされる一方で、僕とライパチは、編集が一生くり返されるんじゃないかと気が遠くなることもあった。

編集や修正の合間にも、その日の撮影の準備をしたり、実際に公園に行って撮影をしたり、自分なりに企画を考えてみたりと、次の動画について動きだしている。

18時ごろ、ようやくアニキから「OK」が出る。アニキはアニキで、本業であるテレビの仕事をやりながら、僕たちの動画のチェックしたり指示出しをしていた。18時30分。ギリギリで仕上がった動画が、ようやく公開される。……と同時に、また次の動画の編集が始まる。そんなストイックな毎日だった。

撮影のときのアニキは、さらに「鬼」だった。

「はい、どうもトクサンです！　ライパチです」

動画では、こんなオープニングの挨拶がある。ある日、この挨拶についてアニキが「テンションが低い」と言い出した。その部分だけを撮り直すことになったけれど、すでに夜中の2時を過ぎていて、僕もライパチも思うように元気が出ない。だから、なかなかOKがもらえなかった。

「もっと振り切れや、お前ら！」

アニキの檄が飛んだ。するとライパチがヤケになったみたいに「ライパチですっっっ！」大声をあげた。

「……お前ら、ヤバいな」

アニキは自分で注文したくせに、僕らのテンションに驚いていた。思えばアニキは、テレビのバラエティ番組で、数々のお笑い芸人やタレントと仕事をしてきた人だ。そんな人に容赦なく「おもろくない」ところを指摘され、直すことができたのはありがたかった。

アニキはアニキで、「テレビでの仕事だったら、もっと優しく注文するけど、お前らには遠慮なく言いたいことが言える」と笑う。『トクサンTV』では、自分のやりたかったものをかたちにできるという喜びもあったのだろう。

自分で言うのもなんだけど、アニキ、ボク、ライパチの3人組は、決してほかには真似できない関係性で成り立っているんだ。

僕はユーチューバーのイメージを変えたかった

このころの、あらゆる物ごとが加速していくような感覚は、凄まじいものがあった。

動画の再生回数がどんどんと増え、チャンネルの登録者数は月に2万人ずつ増加した。企画や撮影をとおして、いろんな人とつながりもできていった。

取材させてほしいとお願いした人のなかには、「ユーチューバーなんて、チャラチャラした連中なんじゃないの？」と警戒していた人もいた。だけど、僕たちの野球に対する思い入れや姿勢を見るなかで、心を開いて応じてくれるようになっていった。これが「縁」というものなのか、そうなると人から人へと関係性がさらに広がっていった。

僕がユーチューブに専念し始めたころは、アニキの自宅で編集作業をやっていた。けれど、「ここにずっと入り浸るのもどうなんだ」という話になった。

そこでアニキが事務所を借りた。編集所兼事務所として借りたその場所に、ライパチが寝泊まりするようになった。

ちょうどこのころ、天晴にタケトラが入ってきた。彼は当時19歳だった。タケトラは変わったヤツで、『トクサンTV』を観て、「ここで野球をやりたい！」と思い立ち、天晴の門を叩いた行動派だ。

僕たちはちょうど人手が足りないときだったので、タケトラにもサポート的な立場で撮影や編集に加わってもらうことにした。タケトラはそれまで朝・昼・夜と3交代制の工場で働いていて、日曜日の練習や試合に参加できないこともあったけど、やがて仕事を辞めて、ユーチューブの活動に専念してくれるようになった。

すると、いつのまにかタケトラも事務所に寝泊まりするようになって、ライパチとタケトラの共同生活が始まった。だから、アニキ、ライパチ、僕の3人以外では、タケトラだけが、『トクサンTV』が始まったころのカオスな現場を目の当たりにしている。

あるとき、僕はいったん自宅でシャワーを浴びて、事務所に戻ってきた。ドアを開け、挨拶をして部屋に入ると、ライパチとタケトラがチラッとこちらを見ただけで、なんの返事もしないことがあった。これはさすがにダメだと思って、ふたりに注意をした。

「疲れてるのはわかるけど、お互い挨拶ぐらいは忘れないようにしよう」

根《こん》を詰めすぎて、それくらい殺伐とした雰囲気になった日もあった。

久しぶりに地元の友だちと会うと、はじめのうちは、僕がユーチューバーになったことに否定的な意見もあった。

「教員になると言って地元を飛び出していったのに！」

「あんなに熱く夢を語っていたのに、もうあきらめたのか」

僕としては、友だちがそんな風に思うのも、仕方ないなとも思うところがあった。もし、立場が逆だったら、僕だって友だちに同じことを言っていただろうから。野球ユーチューバーになって数年経ったいまでも、「あのときは『教員になる』という僕を応援してくれたのに、ごめんな」という気持ちはある。

だけど、自分のなかではしっかりと腹をくくって、周りの意見に流されることなく走り続けた。すると、少しずつ友だちの僕に対する見方が変わっていった。ユーチューバーに対する、あまりよくないイメージも払拭されていったように感じている。

いまでは、僕たちの活動を応援してくれる友だちもいて、「いろんな意見があるなかでも、自分を信じ、続けてきてよかった」と誇らしく思うこともある。

「別に僕たちじゃなくてもよかった」と思うこともあるけれど

企画から1本の動画になるまでの期間は、さまざまだ。

僕たちは並行していくつもの企画を走らせている。「やべっ。明日公開するコンテンツどうしようか？」となって、その場ですぐに考えて、すぐに撮影して編集に取りかかることもあれば、あらかじめ取材日程を決めてから、撮影することもある。

企画から撮影までの期間が短くて、頭のなかで構成ができている場合は、撮影の流れを文章に起こさず、現場でのディレクションだけで進める場合がある。

その一方で、あらかじめ日程が決まっている場合は、事前に構成を立てたり、演出をしっかり考えたりしてから撮影に臨む。

とくに、いろんな人に話を聞かせてもらったり、こちらが複雑な動きをしたりする場合には流れをちゃんと決めておく。カメラをまわした時間が長くなる分、編集にも時間がかかりそうなものだけど、決してそうとも限らない。

あらかじめ、どんな動画にしたいという方針が具体的に固まっていれば、いったんその流れに沿って編集し、あとは細かな部分を見直したり、アレンジを加えたりするだけで満足のいくものができあがることも多い。

編集に充てる時間は僕たちにとって、とても貴重な時間だ。編集が早く済めば済むほど、次の動画に費やせる時間が増えることになるからだ。

企画を立てる、撮影する、編集するという作業のくり返しで、毎日が目まぐるしく過ぎていくなかでも、不思議と僕たちの関係性は崩れなかった。

いま振り返ってみると、なんだかんだいって楽しかったというのがその要因だろう。自分たちの作った動画が世の中に出て、いろんな人に観てもらえて、反響があって。そこからまた、仕事の幅が広がっていく。しかも、そのすべてが僕たちが大好きな野球にまつわることなのだから、嫌いになるはずなどなかった。

僕が「教員になろう」と思っていなかったら、その後、ユーチューバーになることはなかったかもしれない。そうでなくても、アニキに声をかけられたとき「いや、僕は教員として生きていきます」と断っていたら、いまの僕はなかったはずだ。

アニキが「動画を作ろう」と思い立っていなければ、『トクサンTV』が生まれることもなかったし、ライパチも、もともと活発な性格だったら、そして、もっと野球が上手かったら、アニキから声をかけられていなかった。

いろんな要素が、まるで必然であるかのように結びついていた。だから、どんなに大変でも、こればかりはやめようと思わなかった。

ライパチと僕の距離感も「よくも悪くも仲良くなりすぎない」ところで保たれてきた。

これは別に、そうしようと話し合ったわけではないけれど、結果として長続きしている理由のひとつだろう。

僕が見ている限りでは、ライパチは「トクサンはこういう分野が得意だろう」とか、「ここはトクサンに任せた」みたいな感じで、上手く僕をのせてくれるところがある。

一方、僕のほうも、ライパチには編集のスキルもあるし、企画を考えるときも奇才というかアイデアマンなので、ここは「ライパチの出番だな」と思うことがよくある。

こんな風に、おのずと立ち位置が決まっていて、そこを信頼しあってきたから、いまがあるんじゃないかなとも思う。もし、僕とライパチの仲が良くなりすぎていたら、どこかで遠慮が出たり、言いたいことが言えなくなったりしたはずだ。それが積もり積もって、いつか崩壊してしまっていたかもしれない。

「俺はモンスターを生み出してしまった」

アニキはよく、僕とライパチふたりのことを指してこう言う。僕が「モンスター」かどうかはわからないけれど、アニキが予想していなかったほどに僕らが成長したのであれば、その裏には、僕とライパチのあいだに絶妙な距離感と信頼があったからではないかな。

ただ、僕自身は『トクサンTV』はすごい」とか「トクサンはすごい」なんて思ったことは一度もない。この先も、それは変わることがないだろう。

『トクサンTV』は、ユーチューブというプラットホームに乗っかったメディアだ。取材をさせてくれたり、協力してくれたりしてくれた人たちの魅力が、そのユーチューブを通して、観てくれている人たちに伝わっている。それだけの話だ。そこにトクサンとライパチの力は、ほとんど影響していない。

だから、僕はトクサンであることのプレッシャーを感じたこともない。

『ライパチボーイTV』が『トクサンTV』に生まれ変わって、「トクサン」が前に出るようにはなったけれど、動画に登場するトクサンと、企画や編集する徳田正憲はまったく別の人間だという感覚でいる。

だから、トクサンを客観的に見ることができるし、「トクサンをカッコよくみせよう」といった考えが出てこない。むしろ、トクサンが登場する動画を編集していて、「トクサン、なに言ってるのかよくわかんないな……」とか、「まわりくどい説明をしているなぁ」と嘆いてしまうことすらある。

実をいえば、「別に僕たちじゃなくてもよかった」と思っている。

野球の面白さ奥深さを伝えるコンテンツが、僕たちに先行して他にあったなら、トクサンとライパチが出るまでもなかった。

けれど、いろんな偶然や状況が重なって、たまたま僕たちが先陣を切るかたちになった。そうであるならば、僕たちがこの分野を切り拓いて、もっと先へと進んでいきたい。

トクサンTVだからこういうことができる、トクサンTVだからこんなところから仕事がもらえる。こんな場所も取材ができる。そういう範囲を少しずつ広げていきながら、観てくれている人たちに、有益な情報を届けていきたい。

映像のプロ・アニキに初めて褒められた思い出の動画

『トクサンTV』の開始まもないころの動画で、いまでも忘れられないもののひとつが、「世界一の野球工場ベルガード！日本初の迷彩防具が誕生！」の回だ（2017年4月17日公開）。これは、埼玉県越谷市にある『ベルガード』という会社を訪ねるという企画で、ベルガードはキャッチャーの防具（プロテクター）などを作るメーカーとして、世界的に知られている。

僕たちは、この2か月前にも「【キャッチャー防具工場】世界最高のJAPAN技術！

ＷＢＣ実使用！」（２０１７年2月12日公開）という動画で、この会社におじゃましていた。国内に、大リーグでも人気を誇る防具メーカーがあったことに驚き、事前に連絡を入れて取材させてもらったものだ。このとき、天晴でキャッチャーをやっているゾエのために、新しい防具を発注していた。「日本初の迷彩防具が誕生！」の回は、２か月経ってその防具が完成したので、受け取りにいくという内容だった。

動画の前半では、防具に天晴のロゴを入れる仕上げの様子を映しつつも、完成品はここでは視聴者に見せない。後半、ゾエに新しい防具ができたことを伝える。ゾエは大喜びでグラウンドに出る。と、そこには、すでに防具一式を身にまとったライパチの姿が！　いの一番に着用できると思い込んでいたゾエが、それをみて脱力するという流れだ。もちろんそのあとで、ゾエが実際に防具をつけ、動きをたしかめる様子も入れている。

この動画を作ったとき、別の作業もあって、スケジュールがかなりタイトだった。だけど僕のなかで「こういう動画にしよう」という絵が浮かんでいた。だから編集で迷うことはなかった。最初に防具をチラッと映しておきながら、完成品をあえて見せないことで、視聴者のみなさんには、ゾエと同じ目線で完成した防具を見てもらう。そんな展開を頭のなかで作り上げていた。

この動画を観たとき、初めてアニキが褒めてくれた。

「こんな風に作れる力があるんやったら、もっともっと伸びると思うわ」

とてもうれしかった。でも、これも僕が思いついたものではなく、かつてアニキから学んだことを応用しただけだった。「これじゃおもろない」、「こうしたほうがいい」と教わったことを、自分なりにアレンジした結果にすぎなかった。

それほど、僕とライパチが、アニキから学んだことは多い。

アニキから教えられたことといえば、「とにかく許可を取る」というのもある。

これは動画に映り込んでいい、これは勝手に映しちゃいけない。撮るのであれば、ちゃんと許可を取るべきだ。そうした手順の大切さを教え込まれた。『トクサンTV』では、動画の端々に映る人や、建物についても、細かくチェックしている。テレビ番組の制作を手がけてきたアニキの経験があるからこそ、できることだろう。

よくわからないままに撮影し、そのまま公開して、いわゆる「炎上」してしまったら、せっかくのコンテンツが無意味なものになる。

「俺らは未来に向かっていかないと」

アニキがよく言う言葉だ。相手の許可を取らずに勝手に撮影しても、その時点では文句を言われないこともあるだろう。ただ、いつかチャンネルが大きくなったとき、大きな案件を任せてもらえるようになったとき、「以前、無許可でこんなことをしていましたよね」と指摘されるような甘さがあれば、そこですべてが台なしだ。

ユーチューブだから緩くていい、ユーチューバーだから適当でいいというわけでない。『トクサンTV』はたしかにユーチューブというプラットホームを使った媒体ではあるけれど、その点については、プロの制作マンとしての仕事を心がけているつもりだ。

消費されるだけのコンテンツにしないために

企画を立て、取材先と交渉をして、撮影して、編集して、動画を公開する。

この作業のなかで僕がとくに大切にしていることがある。それは、「自己満足にならないように」ということだ。

観てくれる人にとって、『トクサンTV』の魅力は「情報がある」点だろう。楽しくて、かつ、情報が得られる。だけどその情報を視聴者に伝えるとき、「僕はわかっている」という感覚で、先走ってしまわないように意識しているつもりだ。

企画によっては「今回は少し内容が薄くなりそうだな」と思うことがある。そういうときにはテーマを1点に絞って深く掘ってみようとか、「今回はエンタメとして見てほしいから、技術的な話は抑えめでいこう」とか、そうした調整をしながら話している。

ただ、いわゆるターゲットというものは想定していない。

「この年代の、こういう人たちが楽しめるように」というのではなく、すべての野球人に届けるつもりで毎回、作っている。

話の内容のレベルが高くなりすぎると、子どもたちにわかってもらえない。逆に、子どもたちに目線を合わせると、大人が「いや、そんなのわかってるよ」という話になる。その両方の人たちに観てもらえるポイントは必ずあると、僕たちは信じている。

たとえば、野球をよく知らない人たち向けの内容であっても、「実はこの部分はこういうプレーに生きる」という解説を加えると、野球が上手い人たちにも、あらためて「たしかにそうだな」と思ってもらえる動画が作れる。

逆に、レベルの高い野球をしている人に向けた動画を作るときも、なぜこれがハイレベルな技術なのかということを丁寧に伝える。実はこういう基礎があって、こんな練習をしてきたから、ここに達しているんだよということを伝えるようにする。

すると、少年少女たちにも、基礎の大切さだったり、野球の上手な人も努力を欠かしていないということがわかるはずだ。

もちろん時間に追われることもあって、すべての動画が完璧なものだと思っているわけではない。だけど、あらゆる野球人にとって「情報が得られて、かつ楽しめるもの」になるよう、一定のクオリティに達したものだけを公開するようにしている。

その背景にあるのは、**「5年後、10年後に観ても『なるほど』と思ってもらえるような動画を、毎日配信する」**という『トクサンTV』が掲げるテーマだ。

仮に「トクサンとライパチがスライム風呂に入ってみました！」というおもしろ動画があったとして、それを面白いと思った子どもが、5年、10年経ってから同じものを観たとする。そのときにもまた「面白い」と思うかといえば、難しいはずだ。子どものときに観たから面白いのであって、中学生や高校生になって思春期を迎えたら、「面白い」の基準が変わってくるものだから。

瞬間的な爆発力は、ユーチューブ動画の魅力のひとつだろう。しかしそれだけをやっていたら、やがて文化は廃《すた》れていくだろう。『トクサンTV』では、何年か経ったときにも「もう一回たしかめてみよう」と思えるコンテンツづくりをいつも心がけている。

もちろん野球の練習方法や技術は、時代によって変化したり、流行《はや》り廃りがあったりする。そんな変化には「以前はこういう風に言ったけれど、現代の考え方ではこうなってい る」とか、「以前の方法も決して間違っているわけではなく、こういうタイプの選手には向いている」といった風に、時代に沿った対応をしていきたい。

『トクサンTV』のチャンネルページを見ると、いつも野球のことばかり話していて、一見すると同じようなコンテンツばかりが並んでいるように感じるかもしれない。けれど、そのひとつひとつは、公開された時代に沿って作られている。そんなチャンネルであり続けたいと思っている。

そして、『トクサンTV』を観た人たちが、動画で得た知識や学びをもとに練習に打ち込んで、いまよりもっと野球を好きになってもらえたら、うれしい。

僕たちは、動画に寄せられるコメントのひとつひとつに目をとおしている。

なんのためにやっているかというと、僕たちの動画を観て「わかりづらい」と思っている人がいないかチェックするためだ。わかりにくいという人がいるとすれば、それはどういうところか、僕たちの動画を観たことで不快に感じた人はいないか。あれば、すぐに改善する。おもにそんな目的で読んでいる。

もちろん僕たちを応援してくれるコメントはうれしいけれど、ネガティブなコメントこそが僕たちにとっての「気づき」となって、次の企画、次の動画に生かせる。ネガティブな意見は、僕たちにとって「成長のエンジン」になっていると言っていいだろう。

これからもいろんな野球を追いかけたい

ユーチューバーとして、登録者数100万人という数字は、大きな目標のひとつだ。『トクサンTV』がもし、その域に到達できることができれば、僕やライパチ、アニキをはじめ、チャンネルに関わっている人たち全員で大喜びするだろう。それは、ひとつの証《あかし》となるだろうし、次なる目標へ向かうための軌跡になるだろうから。

だけど、『トクサンTV』は僕たちだけの力で成り立っているものではない。草創期《そうそうき》から、取材させてもらったり協力してもらったりと、いろんな人のお世話になってきた。なにより、観てくれた人たちがいるからこそ、続いているチャンネルだ。

『トクサンTV』を大きな樹木にたとえるなら、その幹が育てば育つほど、枝葉が大きく伸びてきたし、その枝や葉が陽光を浴びたことで、また幹や根っこが育ってきた。

だから、『トクサンTV』の「これから」について語るなら、みなさんのおかげということを前提として考えていきたい。

具体的にいうと、野球に関係するあらゆる人やモノを取材して、届けたい。

そのためにもNPB（日本野球機構）の球団や、メジャーリーグの球団とよりよい関係性を築いていきたいと思っている。

プロ野球の世界には、関係者にとっては当たり前だと思われているけれど、外の人たちには知られていないものであふれている。

選手ひとりひとりの技術や監督、コーチの考え方、裏方として働くさまざまな人たち、球団の設備にいたるまで、僕たちも知らないことが、まだまだあるはずだ。僕は、それを視聴者に届けたい。球団の関係者が「トクサンTVって面白いところに注目するなぁ」と感心するようなものを取材していければと考えている。

それと並行して、世界中のあらゆる野球人と会ってみたい。

軟式野球チーム、社会人野球チーム、独立リーグ、いろんなかたちで野球をやっている人たちがいる。そんな人たちにもっともっと出会いたい。海外で野球をしている人たちとも、一緒にプレーしてみたい。野球をやれる場所はひとつではないってことを、みんなに知ってもらいたいから。

『トクサンＴＶ』だからこんなところに切り込める、『トクサンＴＶ』だからこんな人にも話を聞かせてもらえる。そうした領域を広げていきながら、多彩な情報を観てくれる人たちに届けていくことが僕の仕事だと思っている。

僕たちがまだ知らない野球の面白さや奥深さ、魅力はたくさんあるはずだ。野球に関する動画コンテンツは、無限に作れると信じている。

「野球って、こんなに奥が深かったんだ！」

「これまで興味がなかったけれど、独立リーグの試合も観てみようかな」

「応援していたチーム以外にも、こんなに素晴らしい選手がいたのか」

そんな発見のあるチャンネルでありたい。さらに、

「僕も私も、あの球団で働いてみたい」

「いままで悩んでいたけれど、あの選手の言葉がヒントになった」

「あの選手のこんな一面を見られるのは『トクサンＴＶ』だけだな」

そんな風に、『トクサンＴＶ』を一緒に作ってくれる人と観てくれる人とが、幸せな野球ライフを送れる。そんな光景を僕はいま、夢見ているんだ。

第5章

永遠の野球少年 トクサン

夢のかたちは変わる　だから手放さないでいてほしい

夢のかたちは変化する。

ここでもう一度、みんなに伝えておきたい。

僕はプロ野球選手になれなかったけれど、プロ野球選手とキャッチボールをしたり、海外の選手と話をしたりしている。高校の体育の教員にはなれなかったけれど、ユーチューブを通して、野球の奥深さを伝えている。

プロ野球選手といま、同じグラウンドに立っているのであれば、そして、野球を中心にした生活を送れているのであれば、たしかにかたちは違うけれど、これも夢をかなえたと言えるのではないだろうか。

夢は、追い求めたかたちで実現できなかったらダメというわけでも、それで終わりというものではない。夢はかたちを変える。大切なのは、その胸のなかに夢を持ちつづけることだ。僕は、子どものころに抱いた「プロ野球選手になりたい」という夢をまだ持ちつづけている。夢を大切に胸にしまっておけば、いつかかたちを変えてかなうことがあると知っているからだ。

大学を卒業して初めて就職した会社で、僕は夢を抱きつづけることを忘れてしまった。夢を見失ってしまったんだ。その結果、僕の人生は混沌とした暗黒の渦に飲み込まれてしまった。そして、たくさんの人たちに迷惑をかけてしまった。

どんな状況にあっても、夢を持ちつづけること、決して手放さないことを忘れないでほしい。夢はきっと、かたちを変えてかなう日が来るだろうから。

いま、子どもたちの野球をする場所が少なくなってきている。また、野球人口も減少の一途をたどっていると聞いた。

もし、この本を読んでくれているあなたが大人で、自分の子どもにも野球に興味を持ってもらいたいと願うのであれば、全国各地にある「アカデミー」に連れていってみてはどうだろうか。

インターネットで検索するとわかるけれど、各地でベースボールアカデミーが開催されているんだ。プロ野球の球団が開催しているものもあれば、独立リーグがやっているものもある。社会貢献活動の一環として、地域の企業が行う場合もある。

「野球をやらせよう」と無理強いするのではなく、そういうところへ一度、親子で出かけてみてほしい。

広いフィールドがある。子どもはかけっこが好きだから、ベースランニングをやらせてみてもいい。もし興味がありそうだったら、バットを持たせてみる。ボールを打ってもらう。野球の醍醐味を存分に味わわせてやってほしい。

上手くいけば「もっと野球をやりたい」と思ってくれるかもしれない。まずは好きになってもらうことが大切だ。

そしてもし、子どもたちが「野球をやりたい」と言い出したら、まずは話を聞いてあげてほしい。野球のどういうところが好きなのか、どんな選手になりたいと思ったのか。きっと、いろんな答えが返ってくるだろう。「ホームランを打ちたい」、「大谷翔平みたいになりたい」、「ダルビッシュになりたい」。最初は彼らの好奇心を尊重して、自由にやらせてあげてほしい。

やがて子どもたちも学ぶだろう。自分の得意なことを。チームのなかでの自分の役割というものを。そして、彼らが行き詰まったり悩んだりするようなことがあれば、また話を聞いてあげる。何度も話を聞いてあげると、子どもたちも話しているうちに自分が本当にやりたいことが見えてくる。

インターネットや本から得た情報だけで指導しようなんて思わないで、わからないことだらけでも、まずは子どもたちにまかせてみることが大切だ。

僕自身、小学校時代のソフトボールチームで、いろんなことを試すなかで身につけた技術は少なくない。

いつか僕にも子どもができて、「野球をやりたい」と言い出したとしよう。たぶん僕は、自分では子どもに野球を教えない。そこは他の誰かにまかせたい。

ただ、野球をするうえでの考え方については、話しておくだろう。

「なんで失敗したの？」

「そのときどんなことを考えていたの」

「失敗したときどう思った？」

まずは話を聞いてあげて、「だったら」とアドバイスをする。

大げさに聞こえるかもしれないけれど、これって人生にも通じることだ。失敗した原因を分析して、次につなげる。

バッターボックスに立った子どもが、一度もバットを振れなかったとする。そこには絶対に理由があるはずだ。「球がとても速く見えた」とか、「狙っていたコースとは違うところにボールがきた」とか、「そもそも自分の身体に異変があった」とか。

そこを深掘りしてあげる、ほじくり出してあげる。そこには子どもたち自身が、自分の力で気づくためのヒントが隠れているはずだから。頭ごなしに「とにかくバットを振れ」とか「見逃し三振はダメだぞ」と言っても、子どもたちは通じないし、素直に嫌だと思う。子どもたちが自分で、「次は違う方法でやってみよう」と気づくことが重要なんだ。そこに気づくことができれば、野球の技術だけでなく、子どもたち自身の成長へとつながっていくと僕は信じている。

僕がくり返し言うように、野球はあくまでもツールのひとつでしかない。レギュラーになったからそれでいい、プロ野球選手になったから成功したというわけでは決してないんだ。

もちろん、レギュラーになる幸せ、プロ選手になる幸せもあるだろう。だけど、**なにが幸せなのかは、ひとりひとりが決めればいい**。

ヘタっぴでも打てなくても身体が動かなくても、毎週草野球に練習に参加している人たちは、参加すること自体に幸せを見いだしているってこともあるだろう。

野球にはいろんな楽しみ方があるし、人生にはいろんな幸せがある。野球に触れるなかで、そのことに気づいてもらえたなら、野球を愛する者のひとりとして、僕はうれしい。

「目標」と「目的」とをいつも胸に

そして、甲子園を目指す子どもたちには、「目標」と「目的」を意識してほしい。

目標と目的を意識していれば、たとえ「目標」に達することができなかったとしても、「目的」を果たすことにつながることがある。それはきっと大人でも一緒のはずだ。

たとえば「甲子園に行く」という「目標」を持つ。目標はできるだけ具体的なほうがいいだろう。「レギュラーとして甲子園に出場する」とか「とにかくこのチームで甲子園に行く」といった目標を持つ。

もうひとつは「目的」。これは「なぜ、そうしたいのか」という部分だ。「甲子園に行く」という目標でいうと、なぜ甲子園に行きたいのかが、「目的」になる。この場合、たとえば「プロ野球選手になりたいから」でもいいし、「野球が好きだから」でもいい。

野球をやり続けて、甲子園に行くという目的に到達できなかったとしよう。でも、プロ野球選手になる目的を果たせることもあるだろうし、野球を好きでいられるという目的を果たせることもあるだろう。

目標と目的、このふたつを持って野球をやることが大切だ。

目的もないまま目標だけを追いかけると、それが上手くいかなかった時、挫折してしまう。そして、どこにも引き返せなくなってしまう。

なにも野球だけに限った話じゃない。人生においても同じことが言えるだろう。

高校時代、僕の目標は「甲子園に行くこと」で、その目的は「プロ野球選手になる」と「支えてくれた両親と長沼監督を喜ばせる」だった。これは、中学卒業文集に書いたときから変わっていない。だから、帝京高校ではついにレギュラーになれなかったけど、甲子園を目指して本気になることができた。たとえどんなかたちであろうと、帝京高校野球部のひとりとして「甲子園に行く」という目標に向かっていくことができたし、「両親や監督が喜んでくれたら」という目的を持って駆け抜けられた。

たとえ「甲子園に行く」という目的が達成できなかったとしても、両親には「いままでありがとう」と感謝の気持ちを伝えることで目的は果たせただろう。目標と目的があったから自分本位にならずに済んだともいえる。

これは僕が「目標は日本一」、「目的は人材育成」だった大学時代に学んだことだ。

目標と目的があれば、目標に向かって走ることに価値が生まれる。そのなかできっと目的を果たすこともできるはずだ。このふたつをいつも忘れないでいてほしい。

「また野球をやってみようかな」と思う元・野球少年たちへ

『トクサンＴＶ』を観て「また野球をやってみようかな」、「野球なんてやったことないけど、草野球チームに入ってみたいな」と思った30歳代、40歳代の人がいたら、僕は大歓迎だ。野球を始めるのに、遅いなんてことはない。年齢を重ねても野球は上手くなれる。

もちろんスピードやパワー、身体のキレの部分では、若い人たちに勝てない。だからそこ以外の部分で勝負をしよう。

アニキがよくいう言葉がある。

「どうやれば上手くなるのか、どうすれば相手を打ち崩せるのか。なにをすれば相手に気持ちよく投げさせなくできるか、どうやって打球を処理すべきか。首から上を使って考えることが、野球の上手さにつながっていく」

まったくもって、そのとおりだ。野球は、体力だけで勝負するスポーツではない。たとえば、１６０キロの速球を投げるピッチャーと対決することになったとする。当然、バットのキレで勝負はできない。パワーではなおさら厳しい。

だけど、タイミングの測り方次第では打てるかもしれない。球をよく見たら速いだけで、ストライクはあまり入らないタイプだと気づくこともあるだろう。だったら、「バットを振らない」というのも選択肢のひとつだ。野球はチームスポーツだ。塁に出ること、次につなげることに大きな意味がある。

『天晴』には、いわゆるおじさんのメンバーが多い。

だけど、20歳代前半が中心の若いチームと戦ったとき、あまり負けることがない。アウトの重ね方に年季が入っているんだ。

僕個人でいえば、37歳になろうとしているいまも、チームの盗塁王だ。

僕には盗塁を限りなく成功に近づける思考回路が備わっている。大学野球で学んだように、「ここはバッターに投げなきゃいけない」というカウントやタイミングがあるんだ。

大人ならではの「見極める力」も、野球の上手さのひとつだろう。見栄えのある、誰もがわかるパフォーマンスだけが、パフォーマンスではない。

子どもと同じように、大人もまた、考える野球をやってほしい。アニキのいう「首から上」で論理的に考えるのは、大人の得意とするところなのだから。

僕だって、いまの考え方とか見極める力を持って大学時代に戻れることができたなら、当時とはまったく違うプレイヤーになっていただろうなと想像することがある。

大人だからこそできる野球の楽しみ方だってある

社会人になってから、大人になってから、久しぶりに野球に触れるのであれば、道具選びで遊んでもいいだろう。

ある程度のお金を出せるのも、大人ならではの楽しみ方のひとつだ。

たとえば、遠くまで飛ぶバットを買ってみる。

やはり大人にとって、野球は基本的にあくまで趣味。「別にやらなくてもいいもの」だ。誰かから「野球をやりなさい」と言われてやるのではない。野球が好きだから、自らの意志で始めているはずだ。であれば、やっぱり気持ちよく打ちたい。できることならホームランをかっ飛ばしたい。

ちゃんとした打感を求めるのであれば、カーボンバットや金属バットを選んでもよい。

遠くに飛ばすことよりもミートに意識を集中させることも打撃技術のひとつだ。結果、ヒットにつながることもありうるはずだ。「飛ばない」というイメージが、「だったらちゃんと打たなければ」という無意識の行動につながるんだ。

いずれにせよ、あくまで趣味の道具として、いろいろと試してみよう。

だけど、大人になってから、家庭を持ってから野球を続けるのは、本当に難しい。練習する時間はどんどんと削られていく。僕も動画の撮影や編集に追われて、トレーニングジムに通う時間さえ取れないことがある。

一方、企業の軟式チームはその点、練習時間を確保し会社を背負っているからとてつもなく強い。正直羨ましいと思ってる（笑）。

たいていの草野球人は、試合に備えて特別なメニューを組んだり、強化に努めたりしたいと思ってはいても、行動に移すのはかなり難しいのが現実だろう。

だからこそ、僕は日曜日ごとの練習に本気で取り組んでいる。

ウォームアップでは身体を温めるだけではなくて、走り込んだり、守備の動きを確かめたりする。キャッチボールでは、いろんな状況を想定しながら受け、本気で投げる。そういう意識を持っている。試合の日でも時間が空いたら、全力で素振りをする。イニング間のファーストへの送球も、全力で投げて肩とひじを使うことを心がけている。

これは肩慣らしだから、疲れたからといって適当に投げていると、いざ試合となって思いっきり投げたとき、身体のどこかをいためてしまうなんてことはよくある話だ。限られた時間だからこそ、集中して身体を使っておきたい。まぁ時には軽く投げて押さえることもあるけど。

マッサージや鍼《はり》にもよく通うようになった。トレーニングジムよりも優先することもある。これも30歳代、40歳代の野球人にお勧めしたい。

僕自身が若いころ、まさにそうだったんだけど、大きなケガをする人は身体のケアをちゃんとしていないことが多い。若いときは、全力で打っても投げても身体が痛くならない。だから放っておいてしまうんだ。そのまま翌週もまた、全力で打って、投げて。これをくり返しているうちに、身体への負荷が蓄積されて、あるときバキッと身体にくる。そういう選手を何人も見てきた。

だから年齢を重ねたいまは、そうならないようにしっかりと施術を受け、違和感があったらその都度報告をして、対処してもらうようにしている。

草野球を楽しむために最低限のマナーは忘れないで

大人の野球、とくに草野球ではマナーも大事にしたい。

『トクサンTV』を観てくれている人には、トクサンはあまり感情を剥き出しにしないタイプとして映っているかもしれない。

実際のところ僕、つまり徳田正憲は、世間のできごとに怒ったり、会社で部下に怒鳴ったりすることは、ほとんどない。というのも、怒りがわいてきそうになったら、意図的に無関心になっているからだ。

たとえば、電車のなかで肩をぶつけられたら、イラッとするけれど、次の瞬間には、忘れるようにしている。そこでエネルギーを使ってもいいことがない。別の言い方をすれば、冷たいところがあるのだろう。腹が立ちそうなときや、怒りたくなったときには意識して、対象から興味をなくすようにしている。

ただ、草野球でチームメイトがヤジられているのを聞くと、耐えきれず言い返すこともある。僕自身に対するヤジは気にならないんだけど、メンバーがヤジられるのはどうしても好きになれない。

そんなときには、ヤジに対して違う角度から言い返すようにしている。

「ベンチの言葉がちょっと汚いね！」

「せっかくの野球が、面白くなくなっちゃうよね」

こうした言葉を並べる。ヤジに対してこっちもヤジっていたのでは、汚い言葉の応酬になって、どっちのチームも気分が悪くなるだけだ。だから僕は、相手チームの人たちが自分たちで気づけるような「反撃」をするようにしている。守備についているときにヤジが聞こえてきたら、ランナーにギリギリ聞こえるような声で言う。

「グラウンドの外でも、こんな言葉づかいなのかな」

「これじゃ、お互いに気持ちよくはないよね」

そうすると、このランナーがベンチに戻ったとき、仲間に注意してくれる。「俺たち、ちょっと言いすぎなんじゃないか」って。

野球にヤジはつきものという考えもあるだろう。だけど、相手を見下すような言葉を吐いてまで勝ったとして、心の底から本当に喜べるかというと、僕は喜べない。

やっぱりグラウンドの外、たとえば会社や取引先で面と向かって言えない言葉は、グラウンドにいるときにも使うべきではないと僕は考えている。

そして忘れちゃいけない家族への感謝

最後の最後になってしまったけれど、すべての野球人が忘れてはならないのが、家族への感謝だ。

僕にはいま、決まった休みがあるわけではなく、週末も練習や試合で家を空けることが多い。そんな不規則な毎日のなかで、朝、おにぎりを作ってくれたり、夕食を用意しておいてくれたりする妻には、本当に感謝している。

僕たちが野球をできるのは、こうしたサポートをしてくれる人、サポートとまではいかないとしても、野球に明け暮れる毎日を許してくれる家族のおかげだということは絶対に忘れてはいけない。

「いつか『トクサンTV』の人気がなくなって、橋の下で暮らさなければならない日がくるかもしれない」

そんな風に話すこともある。僕は真剣だ。妻はそれでも僕についてきてくれるという。もう頭が上がらない。もちろん、妻を幸せにできるように、これからももっと楽しい動画を生み出していくつもりだ。

この本でも書いたように、僕の家は決して裕福とは言えなかった。特に母親には、経済的な面で苦労させっぱなしだった。

妻、そして両親には、これから恩返ししていきたいと考えている。

僕には、大事な天晴の仲間たちもいる。

アニキやライパチをはじめ、彼らとも末永く付き合っていきたい。みんないいおじさんだけど、まだまだ野球を続けられるはずだから。もちろん僕たちが年齢を重ねれば、いずれチームのかたちも変わっていくだろう。ピッチャーもアニキから別の人に替わるときもくるはずだ。

白髪が増え、腰は曲がり、『トクサンTV』で紹介するアイテムが、バットやグローブといった道具類から、サポーターやサプリメントばかりになる……なんてこともあり得るかもしれない。僕たちは、それでも野球が好きでいるだろうし、なんだかんだいって野球に関わり続けていくだろう。

僕はいつか、河川敷《かせんじき》にいる野球好きのじいさんになりたいと思っている。

少年たちが河川敷で野球をやって遊んでいたら、白髪のじいさんたちが声をかけてくる。

「ワシに代われ」、「ノックをしてやる」

なんてワイワイ言いながら、子どもたちと一緒に野球をやるじいさんたち。それが、僕とアニキとライパチだったら、サイコーじゃないか！

おわりに

最後まで読んでくれた人も、飛ばし飛ばし読んでくれた人もありがとうございました。

僕が現在まで、どんな毎日を過ごしてきたのか、野球とどう付き合ってきたのか、詳細に伝えたつもりです。

ユーチューブでは「野球ができるトクサン」として映っているかもしれない僕にも、苦悩はあった。いきあたりばったりで行動した結果、周りの人たちに迷惑をかけたことだってあった。

そんな僕にも「一緒に野球をやろう」とか「うちのチームにおいで」と声をかけてくれた人たちには、どれだけ感謝してもしきれない。

いま思えばそれは、僕が野球を好きだって思いだけは、どんなときも変わらないってことを知っていてくれたからではないだろうか。

「あいつは野球のことだけは真摯に取り組むから」って。

そう、僕は野球が好きだ。

ケガをしたときも、レギュラーになれなかったときも、監督にどやされたときも、それだけは変わらなかった。

時代が大きく変わっていくなかでも、やっぱり僕の人生のど真ん中には野球があった。これから先も、きっとそうだろう。

そういう意味では、やっぱり僕は「永遠の野球少年」なのかもしれない。


なにかを好きでいるってことは、人を呼び寄せる。

それはきっと、野球に限ったことじゃない。サッカーやテニスでもいいし、音楽やマンガだっていいだろう。

どんなときも好きでい続けることが、大切なんだ。いまはそう思う。

みなさんにも自分のなかの「好き」を見つけてほしい。

そうすればきっと、面白い仲間と出会うときが訪れるはずだ。新しい道が見つかるはずだ。僕が、アニキやライパチをはじめとする草野球チーム『大晴』のメンバーと出会い、野球ユーチューバー「トクサン」になったように。

今回、僕の半生を振り返ってみて、僕は本当にいろんな人に支えられて生きてきたんだなとあらためて気づいた。

野球がひとりではできないように、僕はひとりではなにもできなかった。

最後の最後になってしまったけれど、あらためてお礼を言いたい。

僕に野球を教えてくれた監督やコーチの皆さん、本当にお世話になりました。

僕と一緒に戦ってくれた帝京高校野球部、創価大学野球部のみんな、ありがとう！

家計が苦しいなかでも僕に野球を続けさせてくれたお父さん、お母さん、あなたたちの子どもとして生まれてきたことを、幸せに思います。

不規則な生活のなかでも、僕を応援してくれる妻にも、ありがとう。

そして「ちょっと来てくれへんか」から始まった、野球ユーチューバーとしての僕の活動を支えてくれているアニキ、ライパチ、天晴のメンバー、動画に出てくれたたくさんの人たち、いつもありがとう。

なにより『トクサンTV』を観てくれている人たち、本当にありがとう。

これからも何卒よろしくお願いいたします！

２０２１年７月吉日　トクサン

トクサン

ユーチューバー／永遠の野球少年

1985年3月18日生まれ。ザ・野球エリート。小学校3年生の時にソフトボールを始めると、中学時代は軟式野球に熱中。その後、名門・帝京高校に入学すると、俊足を武器に1年生の秋からベンチ入り。3年夏には第84回全国高等学校野球選手権大会に出場を果たす。創価大学に入学後、4年時にはキャプテンに就任し、全日本大学選手権でベスト4に進出。自身もリーグ戦で首位打者、盗塁王、ベストナインに輝くなど活躍し、プロ野球のドラフト指名者候補にリストアップされる。惜しくも指名漏れしたのち、社会人となるも、すぐに退社するなど苦難の時期もあったが、2016年8月23日に『トクサンTV』がスタートすると、18年5月には再生回数1億3000万回突破、最大月間1500万再生、チャンネル登録者数60万人を記録するなど日本一の野球チャンネルとなる（21年6月末日現在、チャンネル登録者数 63.5万）。所属している野球チーム『天晴』では主将であり絶対的存在でもある。

永遠の野球少年 トクサン

ユーチューバー／永遠の野球少年

令和3年　8月28日　初版発行

著者　トクサン
カバーイラスト　水森崇史
装丁　金井久幸（TwoThree）
執筆協力　土井大輔
校正　玄冬書林

発行者　横内正昭
編集人　岩尾雅彦
発行所　株式会社ワニブックス
〒150-8482　東京都渋谷区恵比寿4-4-9えびす大黒ビル
電話　03-5449-2711（代表）／03-5449-2716（編集部）
ワニブックスHP　http://www.wani.co.jp/
WANI BOOKOUT　http://www.wanibookout.com/
WANI BOOKS NewsCrunch　https://wanibooks-newscrunch.com

印刷所　凸版印刷株式会社
DTP　株式会社 三協美術
製本所　ナショナル製本

　ISBN 978-4-8470-7084-6